マーケティングの理論・新展開

松井温文　編著

五絃舎

はしがき

　本書は、マーケティングの基本戦略と発展するマーケティングを学ぶ初学者および新しい動きを確認しようとする研究者のためのテキストである。第Ⅰ部でマーケティングの基本的な戦略を、第Ⅱ部で発展する個別マーケティングを説明する。

　今日の企業行動はますますその複雑さを加速させる様相にある。それに照応する特徴ある行動、または、そこにある基本的な原理を整理・紹介することは、学生や経営の当事者に豊富な知見を提供することとなるであろう。

　本書では、それらの企業行動や基本原理を限定された紙幅にすべて収めることは不可能であるが、必要最低限重要な項目を含む構成にすることで読者への対応を図った。また、テキストとして、さまざまな統一を図ることも、執筆者にさらなる制約を加えることになる。各執筆者のオリジナリティを表出することは本書の魅力にもつながるので、ある程度の自由度をもって執筆して頂いた。こうしてできあがった本書に至らぬところがあるとすれば、それは編者の責任であり、今後の課題としたい。

　この出版の企画に賛同して頂いた執筆者諸氏には、多忙であるにもかかわらず貴重な原稿をお寄せ頂いた。また、五絃舎の長谷雅春社長には本書の企画段階からご尽力頂き、専門的なアドバイスを頂くなどひとかたならぬご配慮を頂戴した。この出版の企画が、多くの方々の善意と前向きな姿勢に助けられた結晶であることを嬉しく思い、心より御礼申し上げる次第である。

2018年3月3日

執筆者を代表して

松井 温文

目　次

第Ⅰ部　マーケティング・マネジメント

第1章　マーケティングの必要性と戦略手法 — 3
- 第1節　マーケティングの必要性 — 3
- 第2節　マーケティングの定義 — 4
- 第3節　マーケティングの史的展開 — 4
- 第4節　マーケティング戦略策定の手法 — 5
- 第5節　マーケティング実践上の重要点 — 11

第2章　製品戦略の歴史 — 13
- 第1節　大量生産システム — 13
- 第2節　製品差別化戦略 — 14
- 第3節　市場細分化戦略と製品陳腐化戦略 — 16
- 第4節　連携型製品戦略 — 18

第3章　製品戦略 — 21
- 第1節　市場創造型製品戦略 — 21
- 第2節　価値創造型製品戦略 — 22
- 第3節　製品ライフサイクル — 25
- 第4節　製品開発とイノベーション — 26

第4章　ブランド戦略 —————————————————— 29
第1節　ブランドとは何か —————————————————— 29
第2節　ブランド・エクイティとブランド・アイデンティティ —— 32
第3節　ブランドの構造 —————————————————— 34
第4節　ブランド力 —————————————————————— 37

第5章　価格戦略 ———————————————————— 39
第1節　価格の考え方 —————————————————————— 39
第2節　価格設定とその方式 ———————————————— 39
第3節　新商品の価格設定戦略 ———————————————— 43
第4節　事　　例 —————————————————————— 44

第6章　チャネル戦略 ———————————————— 49
第1節　流通とマーケティング・チャネル戦略 ———————— 49
第2節　マーケティング・チャネル戦略 —————————— 54
　　　　——チャネル設計・チャネル管理・垂直的マーケティング・システム（VMS）——
第3節　流通系列化 —————————————————————— 58

第7章　販売促進戦略 ———————————————— 63
第1節　マスメディアによる広告 ———————————————— 63
第2節　チラシとウェブページによる広告 —————————— 64
第3節　パブリシティ —————————————————————— 65
第4節　人的販売 —————————————————————— 66
第5節　狭義の販売促進戦略 ———————————————— 67

第8章 ネットコミュニティと消費者間コミュニケーション ― 71
- 第1節 ソーシャルメディアの発展 ― 71
- 第2節 ネットコミュニティの形成 ― 72
- 第3節 ネットコミュニティと普及理論 ― 76
- 第4節 消費者間のコミュニケーション ― 78

第II部 マーケティングの新展開

第9章 リテール・マーケティング ― 83
- 第1節 リテール・マーケティングとは ― 83
- 第2節 企業再編による戦略的狙いと効果 ― 84
- 第3節 商品開発による差別化 ― 86

第10章 リレーションシップ・マーケティング ― 91
- 第1節 リレーションシップ・マーケティング論台頭の背景 ― 91
- 第2節 リレーションシップ・マーケティングの特質 ― 92
- 第3節 One to One マーケティング ― 95
- 第4節 顧客価値創造のマーケティング ― 97
- 第5節 リレーションシップ・マネジメントの評価 ― 99

第11章 リージョナル・マーケティング ― 101
- 第1節 リージョナル・マーケティングの考え方 ― 101
- 第2節 リージョナル・マーケティングにおける4P戦略 ― 102
- 第3節 リージョナル・マーケティングの実践 ― 105
  ――新潟県燕三条地域の事例――
- 第4節 リージョナル・マーケティングの今後の課題 ― 110

第12章　サービス・マーケティング―――――――――――――――113
　第1節　マーケティングとサービス・マーケティング―――――113
　第2節　サービス・マーケティングの登場―――――――――――114
　第3節　満足と歓喜――――――――――――――――――――――116
　第4節　インターナル・マーケティング――――――――――――118
　第5節　インタラクティブ・マーケティング―――――――――122
　第6節　エクスターナル・マーケティング―――――――――――125

第Ⅰ部

マーケティング・マネジメント

第1章　マーケティングの必要性と戦略手法

第1節　マーケティングの必要性

　今日、企業経営に欠かせない要素の1つにマーケティングがある。では、マーケティングは、なぜ必要なのであろうか。その必要性を端的に表すとするなら、我々が生きる現代社会は「供給過多」社会であり、「代替品」が多数存在している社会であるためではないであろうか。

　「供給過多」社会とは、文字通り、供給（物財やサービス財を売りたい・利用させたい人）が需要（物財やサービス財を買いたい・利用したい人）を大きく上回っている社会のことである。「自給自足」社会や需要と供給がある程度均衡している社会では、マーケティング活動は必要ない。しかし、現代のような市場主義社会では、製造業者の場合は、自分が必要とする物財やサービス財以上の財を生産し、販売・提供している。そのため、必要とするものを越えて物財やサービス財が存在する社会すなわち「代替品」が多数存在している社会にあっても、企業は、商品やサービスを消費者に提供し、利益を上げる必要がある。それは、企業が市場で生き残るためには不可欠なことである[1]。

　そのようななか、企業も「作ったモノを売る」から「売れるモノを作る」に発想を転換しなければ市場競争に打ち勝つことなどできない。

　そのため、企業は、市場を知り、市場に合った物財やサービス財を提供する必要に迫られているといえる。

---

1)　伊部泰弘「マーケティング」、伊部泰弘・今光俊介編著『現代社会と経営 増補版』ニシダ出版、2011年、57-58頁。

第2節　マーケティングの定義

マーケティングの定義は、さまざまな捉え方があり、一様ではない。AMA（アメリカン・マーケティング協会）では「マーケティングとは、顧客、依頼人、パートナー、社会全体にとって価値のある提供物を創造し、伝達し、配達し、交換するための活動であり、一連の制度であり、プロセスである。」[2]（筆者訳）と定義している。また、マーケティング研究の権威者である P. コトラーと K. ケラーは、「マーケティングとは個人や集団が製品およびサービスを創造し、提供し、他者と自由に交換することによって自分が必要とし求めているものを手に入れる社会的プロセスである。」[3]と定義している。つまり、マーケティング活動は、売り手が「顧客満足という価値」を買い手に提供するとともに、買い手が「対価としての貨幣価値」を売り手に提供するといった「価値交換」活動を行うことを示している[4]。

また、マーケティングは売れる仕組みを作ることであるとともに新たな市場を作り出すという意味において需要創造活動でもある。

第3節　マーケティングの史的展開

マーケティングは、20世紀初頭においてアメリカで誕生した経営実践ないしそれを基盤とした寡占企業の販売問題の解決を課題として発展してきたものであり、その具体的なあり方は、社会経済構造の変化とともに絶えず革新を続けてきている[5]。

---

2) Definition of Marketing, https://www.ama.org/AboutAMA/Pages/Definition of Marketing.aspx（2018年10月29日アクセス）
3) Philip Kotler & Kevin Lane Keller, 恩蔵直人監修・月谷真紀訳『コトラー&ケラーのマーケティング・マネジメント 第12版』、ピアゾン・エデュケーション、2008年、7頁。
4) 伊部泰弘「マーケティング」、前掲書、57-58頁。
5) 岩永忠康「マーケティングの概念」岩永忠康編著『マーケティングの理論と実践』五絃舎、2012年、3頁。

1920 年代の不況や世界恐慌を期に大規模製造業者の過剰な供給状況が続いたため、それを解決するために、新規の顧客を獲得するための手段として、商品販売への抵抗を和らげ購買を説得することに重点をおくマーティングが実行されることになった。その後 1950 年代に入ると、戦後の新たなマーケティングとして顧客志向、利益志向の統合的なマーケティングが出現することとなった[6]。

また、1950 年代は、日本において、マーケティングという考え方が導入された時期でもあった。その時期は、1955 年 9 月に日本生産性本部の斡旋によってアメリカに視察に向かった第 1 次トップマネジメント視察団が帰国して「これからはマーケティングの時代になる」と言い始めたことによると言われている[7]。

1960 年代に入ると、マーケティングは、営利組織の企業以外の非営利組織、公共機関や個人に広がることとなった。それは価値交換をマーケティングの中心に据えるようになったためである。更に、非営利組織、公共機関が企業のマーケティングの理念や手法を応用し、あるいは、アイディアないし社会的主張に焦点を当てて行うマーケティングである、ソーシャル・マーケティングが出現することとなった。その後、20 世紀末には、企業と顧客との関係性を重視したリレーションシップ・マーケティングが登場し、新たなマーケティングに関する見方・考え方（マーケティング・パラダイム）が出現していくこととなったのである[8]。

第 4 節　マーケティング戦略策定の手法

　企業がマーケティング戦略を策定する際の手法として、ここでは、SWOT 分析を用いた自社の事業領域の設定、STP 分析、市場調査に基づくマーケティング・マネジメントの 3 つの視点から考えてみる。

6）　宮澤永光「マーケティング総説」宮澤永光・城田吉孝・江尻行男編著『現代マーケティング その基礎と展開』ナカニシヤ出版、2009 年、9 頁。
7）　公益財団法人吉田秀雄記念事業財団「鬼の贈り物」http://www.yhmf.jp/outline/about/gift_05.html（2018 年 10 月 15 日アクセス）
8）　宮澤永光「マーケティング総説」、前掲書、9–10 頁。

1. SWOT分析を用いた自社の事業領域の設定

マーケティング戦略を策定する際、まず自社の経営環境を見極めるとともに事業領域（ドメイン）をしっかりと定める必要がある。

また、事業領域は、具体的に、誰に対して（30代女性、ファミリー層など）、何を（ファストフード、カジュアルウエアなど）、どのように（倉庫型の店舗での販売、インターネット通信を使っての販売など）を明確に決定することである。その際、自社の置かれた経営環境を知ることでより事業領域を明確に設定できる。その自社についての経営環境分析の手法の1つがSWOT分析である。SWOT分析では、自社の経営環境分析を自社の内部環境分析と自社を取り巻く外部環境分析に分類している。

表1-1によると、自社についての内部環境分析とは、競合他社と比較した場合の自社の強み（Strength）と弱み（Weakness）を明確にすることである。また、自社を取り巻く外部環境分析では、自社の属する業界におけるビジネスの機会（Opportunity）と脅威（Threat）の明確化がなされる。

表1-1　SWOT分析

	メリット	デメリット
内部環境	Strength（強み）	Weakness（弱み）
外部環境	Opportunity（機会）	Threat（脅威）

出所：筆者作成

特に、自社を取り巻く外部環境において、競争戦略上、どのような業界特有のビジネスの機会や脅威が考えられるかを想定したうえで、自社の強みと弱みを見極めることになる。つまり、自社の強みを活かしたビジネスの機会の獲得およびビジネスの脅威を回避する方法や競合他社のビジネス脅威を自社の強みでビジネスの機会にする方法や自社の弱みをビジネスの脅威としない方法を探るための分析手法である。

そのため、SWOT分析を行うことで、業界特有のビジネスの機会を捉え、自社の強みを活かすことでビジネスの機会を模索するとともに、自社の弱みを何らかの方法により強みに変え、ビジネスの機会を探ることが可能となる。そ

の分析に基づいて自社の事業領域を設定し、マーケティング戦略を策定していくことになる[9]。

2．STP（セグメンテーション、ターゲッティング、ポジショニング）分析

　現在の日本において、商品やサービスを老若男女すべての消費者を対象にして販売してもすべての人が購入してくれることはない。それは、消費者の購買意識の変化と関係している。日本では、物財やサービス財が十分消費者に充たされていなかった1960年代から1970年代にかけての高度経済成長期では、消費者の「皆が持っているものが欲しい」「隣の芝生は青く見える」という言葉が示しているように消費者の購買行動は、「十人一色」の傾向が強く、また物財やサービス財が不足していたため、どのような物財やサービス財を提供しても売れる時代であった。

　しかし、1980年代初頭を境として、消費者の満足度は、「モノの豊かさ」から「ココロの豊かさ」へとシフトするとともに、大量生産・大量消費の終焉による「供給過多」あるいは「モノ・サービスの過剰時代」へと向かうことになった。そのため、消費者の購買意識も「他人と違うものが欲しい」「自分らしさを重視したい」という「十人十色」へと変化していくこととなった。そのため、企業は、大量単品生産ではなく、消費者の個性を重視した消費に応えるべく、多頻度小ロット生産や多様な品そろえが必要となっていった。

　更に、最近では、消費者は、「シーン（場面）に応じた消費行動を取りたい」「自分にとってメリハリのある消費行動を取りたい」とする「一人十色」な消費行動へと移り変わってきている。そのため、消費者の消費行動の多様性に応えるべく、企業は、SCM（サプライチェーンマネジメント）やDCM（ディマンドチェーンマネジメント）の仕組みを導入し、徹底した在庫管理や全体最適によるコスト管理を行っている。

　そこで、これまでのような不特定多数の消費者を対象にしたマス・マーケティングが通用せず、特定の市場を標的としたセグメント・マーケティングや顧客1

---

[9]　伊部泰弘「マーケティング」前掲書、60-61頁。

人1人に対し個別に行われるワン・トゥ・ワンマーケティングが重要視されてきている。そこで、これまで以上に当該事業の市場の明確化が必要となっているため、セグメンテーション、ターゲッティング、ポジショニング（頭文字をとってSTPという）を分析し、マーケティング戦略に活かしていく必要が生じている[10]。

①セグメンテーション（細分化）

セグメンテーション（Segmentation）とは、マーケット・セグメンテーションとも呼ばれ、小川は、「企業が対象とする全体市場を一定のまとまりがあるいくつかの部分に分割すること」[11]と捉えている。また、セグメンテーションにはいくつかの区分基準があり、それは、細分化変数として表現されている。P. コトラーとK. ケラーは、消費者市場の主な細分化変数として、地理的変数、デモグラフィックス変数、サイコグラフィックス変数、行動変数を挙げている[12]。地理的細分化は、国や地域、都市エリア等で分ける方法である。具体的には、欧州、アジアなどといった世界規模の区分から日本国内の関東地方、関西地方といった区分、また、関西地方でも工場が多数存在する東大阪地域、高級住宅街の芦屋地域などさまざまな区分がある。デモグラフィックスによる細分化は、性別、年齢、世帯規模、所得、学歴、職業等で分ける方法である。具体的には、「40代男性、独身、年収800万以上、IT関連企業に勤務」といった形やもう少し幅広く捉えた「アラフィフ（特に50歳前後）世代の女性」等といった形での細分化である。サイコグラフィックスは、心理学とデモグラフィックスを利用して消費者を理解する科学であり、心理面や性格の特徴、ライフスタイル、価値観に基づいて購買者を分類していくことである。行動による細分化とは、商品に対する知識、態度、使用法、反応に基づいて分類する方法である。例えば、使用法では、ライト・ユーザー、ミドル・ユーザー、ヘビー・ユーザーといった形で使用頻度や使用量によって分類できる。このようにセグメンテーションは、市

---

10) 同上、61–62頁。
11) 小川孔輔『マーケティング入門』日本経済新聞社、2009年、24頁。
12) Philip Kotler & Kevin Lane Keller, 恩蔵直人監修・月谷真紀訳、前掲書、305–322頁。

場全体を特定の基準・要素に合わせていくつかに分割することで、自社はどの市場を対象にマーケティングするべきかを明確化させることに繋げる重要な役割がある[13]。

②ターゲッティング（ターゲット選定）

ターゲッティング（Targeting）とは、小川は、「いくつかに分割した部分市場（セグメント）のいずれに、自社のマーケティング資源を集中して投入すべきかを決定すること」[14]と捉えている。つまり、セグメンテーションによって分割された市場における標的市場の選択を意味しており、選択された標的市場においてマーケティング戦略が策定される。具体的には、Amazonは、標的市場をインターネット利用者に限定しており、インターネット販売に特化した事業展開を行っている。そのようなマーケティング戦略を「差別化マーケティング」と呼ぶ。一方、ユニクロを展開するファーストリテイリングは、標的市場を選定せず、老若男女のあらゆる世代をターゲットとした事業展開をしている。そのようなマーケティング戦略を「非差別化マーケティング」と呼ぶ。つまり、ターゲッティングは、誰を顧客にするのかを決定することである[15]。

③ポジショニング（位置づけ）

ポジショニング（Positioning）とは、P. コトラーとK. ケラーは「企業の提供物やイメージを標的市場のマインド内に特有の位置を占めるよう設計する行為である。」[16]と捉えている。つまり、自社および自社ブランドが、競合他社のそれとどのような類似点と相違点における連想があるのかを明確に設定することで、顧客の頭の中に自社および自社ブランドを明確に位置付けることである[17]。例えば、ファストフードを展開するハンバーガー業界では、価格帯（高価格か低

---

13) 伊部泰弘「マーケティング」、前掲書、62-63 頁。
14) 小川孔輔、前掲書、25 頁。
15) 伊部泰弘「マーケティング」、前掲書、63 頁。
16) Philip Kotler & Kevin Lane Keller, 恩蔵直人監修・月谷真紀訳、前掲書、386 頁。
17) 伊部泰弘「マーケティング」、前掲書、63 頁。

価格か）と消費者からみた感覚（庶民的かおしゃれか）の2軸により消費者の頭の中に自社および自社のブランドのポジショニングを行っている。

3. 市場調査に基づくマーケティング・マネジメント

　マーケティングを実践していく上で、市場調査により市場のニーズつまり需要動向やトレンドを把握し、企業が管理できる要素についてしっかりマネジメントしていく必要がある。それが、マーケティング・マネジメントである。

　マーケティング・マネジメントとは、P. コトラーとK. ケラーによると「ターゲット市場を選択し、優れた顧客価値を創造し、提供し、伝達することによって、顧客を獲得し、維持し、育てていく技術および科学」[18]と捉えている。また、マーケティング活動を行うためには、消費者ニーズを的確に迅速に把握し、商品やサービスを提供することが必要となる。そのために、市場調査（Market Research）を実施し、市場情報を収集・分析することで、市場の変化を見極める必要がある[19]。

　市場調査には、定量的調査と定性的調査がある。定量的調査では、消費者や市場、マーケティング環境の特質を記述していく「記述的リサーチ」と原因と結果の関係の方向性や強さを特定化していく「因果的リサーチ」がある。「因果的リサーチ」の調査手法としては、「実験法」「観察法」「質問法」等がある。定性的調査では、調査対象の意識や行動が良く分からない場合や調査目的が漠然としている場合に問題やアイディアを発見するための「探索的リサーチ」がある。その調査手法としては、フィールド観察法（参与観察）やアイディア発想法（グループインタビューやKJ法等）がある[20]。

　市場調査で得られた情報の分析に基づいて、マーケティング・ミックス（製品、価格、チャネル、販売促進）を考慮したマーケティング・マネジメントが実行される。また、マーケティング・ミックスは、4P理論として広く認識された理論である。なお、4P理論については、次章以降において詳細に述べていくこ

---

18) Philip Kotler & Kevin Lane Keller, 恩蔵直人監修・月谷真紀訳、前掲書、7頁。
19) 伊部泰弘「マーケティング」、前掲書、64頁。
20) 小川孔輔、前掲書、239-243頁。

とにする。

第5節　マーケティング実践上の重要点

　「売れるものを作り、消費者自ら買いたいと思ってもらい、実際に購入してもらう」までの活動がマーケティングである。マーティングが上手いっているということは、企業収益が向上していることを意味している。そのため、企業収益が向上していない企業は、マーケティングが上手くいっていないのである。つまり、企業業績は、マーケティングの成否に関係していると言っても過言ではない。

　マーケティングを成功させるには、マーケティングの考え方において「モノを売るという発想を捨て、モノが使われるシーンの設定を実践する」ことが必要となる。また、そのようなシーンの設定のなかにモノ（あるいはサービス）をどのように位置づけるかを考える必要がある。そのため、消費者に買いたい・利用したいと思わせ、実際に購買行動に結びつける仕組みや仕掛けづくりが必要である。但し、企業は、消費者にマーケティングによって「仕掛けられている」と思わせない工夫が必要である。なぜなら、企業側におけるマーケティングの仕組みや仕掛けが消費者にみえてしまったり、露わになってしまうと、消費者は興ざめしてしまい、購入意欲が失せてしまうからである。それが、消費者への気遣いや心配りであり、企業がマーケティングを実践する上での重要な点である。

第 2 章　製品戦略の歴史

第 1 節　大量生産システム

　マーケティングは寡占的製造企業にみられる市場の獲得と支配に係わる活動である。製品戦略の歴史的変遷から、マーケティングの性格を捉えるため、マーケティング登場以前の商品生産から確認する[1]。
　蒸気機関の発明、イギリスに始まる産業革命は世界各国に伝播する。アメリカでもその現象はみられるが、大量生産はそれ単独で実現されるものではなく、商品が販売されること、そのためには消費者の手元に届くことを必須とする。全国各地に商品が流通するための物流の構築は鉄道や自動車の発達を待たなくてはならなかった。産業革命以前のアメリカにおける製造企業は資本規模が小さく、物流網の未発達による地理的制限も加わり、生産量が少なかった[2]。更に、商品の購入は消費者にとって冒険的な性格を帯びていた。特定の製造企業の商品を継続的に購買する、その商品を消費者が確実に購入することは困難であった。特定商品の購買は信用できる小売業者を消費者が見つけ出すことによって、間接的に実現された。換言すれば、消費者は不誠実な小売業者に騙される可能性が高かったとも理解される。
　産業革命による大量生産がなされ、鉄道網が広く構築されるようになり、大量生産された商品は広範囲の消費者に購買されるようになった。大量生産は原材料の大量仕入れを背景とする仕入れ割引の実現と、機械設備の稼働率の向上に伴う

---

1)　森下二次也『マーケティング論の体系と方法』千倉書房、2017 年、133 頁。
2)　白髭武『アメリカマーケティング発達史』実教出版、1978 年、49-60 頁。

学習効果による生産技術の発展がなされる。更に、大量流通は流通費用を大幅に削減する。現代社会にあって、過去にインターネット通販を専門としていた企業も資本規模が拡大すれば一般流通に変更する事実からもそれは理解される。

　大量生産された商品は高品質であるにもかかわらず、低価格での販売が可能となり、規模の経済や学習効果が得られない中小製造企業は駆逐され、自由競争市場から寡占的競争市場へと移行する。

第 2 節　製品差別化戦略

　寡占的競争市場はその状態が安定的であれば棲み分けされた市場を形成する。競合する各社は互いの商品の価値を認め合い、現状に納得すれば均衡点が見出される。しかしそのようにはならず、各社はますます多くの利益を獲得しようとする。企業の目的は利潤の極大化、資本の増殖に集約される。それゆえ、市場が拡大することなく、逆に市場は狭隘化する現実に直面し、寡占的製造企業は自らの市場を拡大するために他社市場を奪おうとする。市場の飽和は自社商品が消費者に販売されることなく、流通過程に滞留することによって認知される。すなわち、余剰在庫の発生が契機となって、ある商品が他社市場を奪い販売を実現するための活動として、マーケティングは登場する[3]。

　マーケティングはあくまでも利潤の極大化を目論むものであり、消費者利益を追求しない。だからと言って消費者は不利益を被ると結論付けることは出来ない。先述したように、大量生産による恩恵を消費者が受けているからである。寡占的製造企業は独占的市場を形成するための競争に勝ち抜かなくてはならない。そのための2つの選択肢として、商品そのものの品質や機能を高める、または、商品以外の要素で優位性を獲得する方法がある。繰り返すように、利潤の極大化という目的からすれば、投入する費用を最低限に抑えながら、販売量を増やそうとするため、後者が選択される。生産技術における発展は十分では

---

3)　岡田千尋「マネジリアル・マーケティングの成立」尾碕眞・岩永忠康・岡田千尋・藤澤史郎著『マーケティングと消費者行動』ナカニシヤ出版、1992年、9-12頁。

なく、商品の品質や機能は拮抗した状態にあったため、明確な差異を商品そのものに付与することが困難であったという理由もある。

　製品差別化戦略は直上の背景・前提を有した商品の差別化を目的とした戦略であることが強調される。言い換えれば、商品そのものが差別化されたように消費者に感じさせる戦略であり、当然、商品そのものには何ら変更はなされない。これは消費者の購買を寡占的製造企業の思惑に従わせる活動であり、まさにマーケティングの最も重要な役割である。最重要な活動はブランドによる消費者への意識操作活動である。ブランド管理論等とは異なり、本章では厳密にブランドを商標と限定する。ブランドは商品に付与される印刷されたロゴや名称等の本来的には単なる費用に過ぎない、商品の生産元を示すだけものである。

　しかし、商品に商標たるブランドを付与し、市場に導入する社会的意義は大きい。ブランドが付与される以前にあって、先述したように、消費者は確実に自らが求める商品を購入するためには信用できる小売業者を自らが探さなくてはならなかった。それだけ消費者は商品の購入に際して、騙される可能性が高かった。ブランドの付与により、その商品が自ら求める対象であることを保証することになり、購買に係わる小売業者への消費者の依存度は急速に低下した。消費者が詐欺に遭遇する可能性を低下させたという意味にあって、ブランドの付与は大きく貢献し、同時に、この点におけるマーケティングの社会的意義も非常に高いものであったと言えよう。

　ブランドを付与し、全国に向けて一斉にマスメディアを媒介させた広告宣伝活動を寡占的製造企業は行う。消費者が好む俳優やキャラクターを起用し、商品が消費者にとってその効用が高いであろうというイメージをメッセージとして伝達する。消費者への力強いこのような意識操作活動は消費者の購買行動に大きく影響する。品質や機能を直接確認する行為が省かれ、消費者による特定ブランド商品に対する指名購買を促進する [4]。

---

[4]　松井温文「マーケティングにおけるブランドの役割−岩永忠康先生の見解を基礎として−」『佐賀大学経済論集』第45巻 第1号、2012年。

第3節　市場細分化戦略と製品陳腐化戦略

　製品差別化戦略の成功によって、自社商品が優位に購買されたとしても、消費者が消費する絶対量には限界があり、一定程度の購買量に達すれば、消費者の欲求や欲望をそれだけでは満たせなくなる。それだけでなく、競合各社の製品差別化戦略の質的水準が高まり、戦略自体も拮抗するようになる。

　製品差別化戦略の相対的な有用性の低下に伴い、それに代わる戦略が求められる。市場細分化戦略と製品差別化戦略は戦略的な選択肢であるという位置付けを与える見解が散見されるものの、それは歴史的事実を理解出来ていないためであり、競争関係の激化に伴う段階的な必然的移行である。

　製品差別化戦略は市場を単一であると認識するのに対して、市場細分化戦略は具体的・個別的消費者ニーズの集合体が市場を形成するものと認識する。この事実は消費者ニーズへの対応に関して分析すれば、消費者側への接近を意味するものであり、消費者志向的行動の強まりと捉えることも出来る。多くの見解はまさにこれを消費者志向への大転換と捉える。それ以降、マーケティングは消費者のための商品提供手段として、消費者志向のマーケティング、消費者起点のマーケティングという用語が登場する。寡占的製造企業が利益追求型である生産者志向から消費者志向への大転換は消費者の購買意欲をますます掻き立てることになる。その行動は社会的にも有用であるとの評価を受ける。多様な消費者ニーズに適合した商品の売上が増加することは多くの消費者を満足させた結果であり、経済学的には社会全体を豊かにしたことを指す。

　寡占的製造企業は消費者志向であることを積極的に標榜するものの、その内実は製品差別化戦略時代と何ら変わることのない利益追求型であったことを露呈する。虚偽表示はその顕著な表れである。消費者運動に始まり、コンシューマーリズムへと消費者の寡占的製造企業に対する不信感が拡大した。寡占的製造企業は方向転換を迫られ、ソーシャル・マーケティングによる補強を余儀なくされた。繰り返せば、製品差別化戦略から市場細分化戦略への転換は生産者

志向から消費者志向への大転換ではなかったということである。多くのマーケティング研究者は現象する企業行動を直接的に分析したため、本質を捉えることが出来なかったのである。

　しかし、経済学を基礎とするマーケティング研究者は本質を捉え、消費者志向という名の下にますます巧妙に生産者志向を強めている事実を構造的に把握していた。例えば、製品差別化戦略当時10ある市場を市場細分化戦略により、具体的な消費者ニーズに適合する分割された市場を3と認識したとする。10から3に市場が小さくなることは機械設備の稼働率が急速に低下することを意味し、それは収益の減少、財務体質の悪化につながる。寡占的製造企業が倒産すれば、大量の失業者が発生し、関連する企業にもその影響は波及するため、マクロ的規模での経済的損失を生じさせる。消費者の多くは生産者でもあり、生産者への過度に強い圧力は結果として、消費者は自分自身の生活を困窮に追いやる可能性を生じさせるという論理的矛盾がある。社会的にそのような状況は受け入れられず、当然に、経営管理者もそれを回避する行動を取る。

　この解決策として、細分化された消費者ニーズを的確に捉えると同時に生産量を全体として拡大する戦略としての市場細分化戦略が導入される。確かに、それは製品差別化戦略と比較して消費者志向の程度は強めるものの、それと同時に生産者志向を消費者に悟られないように強化する[5]。但し、市場細分化戦略はこれ単独では全く機能せず、製品陳腐化戦略を併用することによってのみ成立する。製品陳腐化戦略の1つ目は商品の機能または本来的使用価値そのものが新商品の登場によって陳腐化する機能的陳腐化がある。2つ目は機能や使用価値に変化はなくとも、新商品が新しい流行であるかのように消費者に感じさせる心理的陳腐化がある。3つ目は技術的には耐久性を十分に高めることが可能であっても、不良品とは認識されない程度にその品質を意図的に低下させ、購買を促進させようとする材料的陳腐化がある[6]。

---

5) 松井温文「理論の実践的応用3―製品差別化戦略と市場細分化戦略の基本的理解とベンチャー―」『追手門学院大学ベンチャービジネスレビュー』創刊号、2008年。保田芳昭「市場細分化についての一考察」『関西大学商學論集』第11巻 第3号、1966年。
6) 岩永忠康『現代マーケティング戦略の基礎理論』ナカニシヤ出版、1995年、116頁。

理論的には製品陳腐化戦略によって、消費者の購買意欲を掻き立て、市場細分化戦略による商品の市場への断続的な導入を推し量ることによって、生産量全体の拡大を図る。ある既存商品は新商品の導入によって市場から撤退することが予定されるが、現実社会にあって、既存商品も市場に残留する、または、期間限定で生産されることが頻繁にある。それは商品の品揃えを豊富にするためであり、購買選択肢の拡大によっても生産の増大を図ろうとする。

第4節　連携型製品戦略

　最近顕著な現象として、大手小売企業との連携型の製品戦略が挙げられる。それはプライベート・ブランド商品（以下 PB 商品の略称表記）であり、大手小売企業がナショナル・ブランド商品（NB 商品）を生産する製造企業に生産委託した自社内での販売を目的とした商品である。大手小売企業の売り上げが増加するようになり、商品仕入量もそれ相応になることで、卸売企業を介すことなく、且つ、自社が希望する商品を生産委託出来るようになった。この状況をみて、大手小売企業が大手製造企業よりも優位な立場になったとする見解が散見される。そのような見解の根底に小売企業は大手製造企業と比較して劣位にあり、理不尽な取引契約を結ばされていたという認識があるのではないか。製造業と商業との社会経済的役割関係の理解不足による偏見である。
　大手製造企業は大手小売企業に、卸売企業を介さずに商品を販売することによって、利益が縮小するのであれば何らかの問題が生じる可能性がある。この事実を確認することは困難であるが、少なくとも大手製造企業は消費者に商品を販売するために一度は必ず商業者に商品を販売する必要があり、その相手が卸売企業か大手小売企業であるのかという選択肢に過ぎない事実は見逃せない。
　製造企業間連携による製品戦略も今日頻繁にみられる。特に食品製造企業にあって、商品のベースとなる素材が同じであっても味の多様性をもたせることで品揃えは豊富になり、多様な消費者ニーズを取り込むことが可能となる。その際、相手先企業の選択基準にマーケティング的な性格が強くみられる。相手

先が全国的な認知度を確保するナショナル・ブランド商品の製造企業との連携は両者にとって効果的である。著名人監修による商品は期間限定的であり、監修者に対する多くのファンに直接的な訴求力を発揮する。全国的な知名度が低くとも、地域の名店店主監修による商品は好奇心旺盛なマニアへの訴求力となる。各地の特産物を使用した商品は限定的商品としての魅力を高める。

　製造企業が他の製造企業で生産された商品を仕入れ、販売するという商社化の現象もみられる。販売力が強力である大手製造企業は自社商品の生産だけでなく、競合他社商品の生産も行うことがある。成熟段階が終わり、衰退段階にある縮小し続ける市場にあって、生産コストの高騰から市場からは撤退しないものの、商品の生産は競争優位にある競合他社に委託し、自社ブランドを付与して販売する企業が現れるからである。それだけではなく、ブランド力の強い大手製造企業は他社商品を購入し、または、他社に生産委託し、その商品に自社ブランドを付与したり、または、そのまま他社にその商品を販売することもある。まさに卸売企業と同様な活動がそこにはみられるため、それらは商社化と呼ばれる。

第3章　製品戦略

第1節　市場創造型製品戦略

　マーケティングは市場創造を目的とする活動であるとされている。この用語は頻繁に使用されるが、その意味を正確に理解することが重要である。市場創造は市場を創り出すことであるが、どのような市場をそれは意味するのか。消費者にとって全く未知の市場、潜在的な消費者ニーズを掘り起こすような市場をそれは意味するかもしれない。

　しかし、直上のようなマーケティングに対する理解はマーケティングの歴史的事実と原理論への学習が不足することに起因した大きな誤りである。マーケティングは他社との市場における競争手段であることを忘れてはならない。マーケティングは全国に向けて一斉に行う広告活動、全国の流通業者への管理的活動を必要とし、それ相応の膨大な費用が投入される。商品が優れていて、それ自体が市場での競争力または優位性が絶対的なものであれば、それらの費用を抑える方が利益の増大が図られる。マーケティングに伴う膨大な費用を投入することなく販売が実現するため、マーケティングは不要となる。マーケティング費用の投入を必要とする状況、それは市場での競争関係が存在するという事実にあって、自社商品の販売を実現するための市場を創り出すことが市場の創造である。換言すれば、市場の創造は自社市場の拡大であり、それは直接的に他社市場を奪うことを意味し、理論的には全体市場の拡大を目的とする活動ではない[1]。

---

1)　松井温文「市場の概念の確認と今後—マーケティング研究の基礎として—(研究ノート)」『追手門経営論集』第13巻　第1号、2007年。

タイトルにある市場創造型製品戦略は広告活動のようなマーケティング諸活動の費用を軽減するための、すなわち、マーケティングに頼らない商品の販売を実現するための戦略であり、その柱は製品開発活動である。イノベーション的性格を有するような商品、近年の代表的な商品はLEDである。明りを灯すという目的では従来の白熱灯と基本的市場は競合するものの、機能面と費用面、更には政策的な背景において、市場での絶対的優位性を獲得しているという点において、市場創造型の商品であると言えよう。激化した競争が繰り広げられる携帯電話市場にあって、iPhoneは最も強力なマーケティング体系が形成されている。価格が維持されているだけでなく、販売経路は閉鎖的チャネルが採用され、流通費用は一般的な開放的チャネルと比較して高くなるものの、マーケティングを一貫して末端まで完徹するための体系は商品の競争力を必須とする。修理サービスを自社で行うこともその表れである。
　大量生産の根本的問題は市場の至る所で見られる商品は消費者へのブランド認知力は高まるものの、市場を形成する小売業者の店舗間において、全く同じ商品であるがゆえに、競争手段が価格に絞られる傾向が強くなり、低価格競争に巻き込まれるという必然性がある。それを回避する商品の消費者への訴求力はかなり強い。

第2節　価値創造型製品戦略

　「価値の創造」と「市場の創造」について、市場の創造は前節において説明した。それに対して、価値の創造は直訳すれば価値を創り出すことである。多くの見解は価値を高めるような商品を創り出す、すなわち、商品の価値を高めることを意味するようだ。しかし、それは市場創造型製品戦略を指すものと理解される。価値創造型製品戦略は商品そのものの価値ではなく、ある商品が存在することによって価値が生み出される戦略であると筆者は考える。言い換えれば、関連購買型製品戦略と言えるのではないか。
　マーケティング研究者であるP. Kotlerは商品を中核商品、正式な商品、拡

大された商品の三層構造によって構成されていると提唱した。中核部分は製品コンセプトの柱である。正式な商品は市場に導入される際に必要とされるパッケージ、機能特性、スタイリング、品質、ブランドなどである。拡大された商品は据付け、無料配達、保証、サービス・メンテナンス・システムなどである。中核商品は競争の激化が進めば、接近・拮抗するようになる。この部分での各社商品の差異が明確であれば、競争関係に均衡点が見出され、棲み分けされた市場を形成する。しかし、大量生産される商品は競争をますます強化するため、それは実現しない。正式な商品は製品差別化戦略にみられる要素であり、各社の特徴が顕著に表れる部分であるため、それらの要素が拮抗するような状況にはならない。例えば、旅行商品の場合、大枠での価格や内容は各社の差異はみられないものの、オプションなどでの差がみられることは頻繁である。拡大された商品は財ではなく、製造企業または小売企業によって提供される価格を伴わない販売促進活動に位置付けられる要素である。競争の激化に伴い、これらの要素が付加されることによって商品の販売を容易にしようとする。それらの要素は値引き行為が変形したものとも認識できる。商品の販売を強化するため、それらの要素をより多くすれば売上高は増加したとしても、商品単位当たりの利益率は低下する。現実の市場を反映した商品構造であるが、それは価値を創造する、または、関連購買を促進させる商品とは認められない[2]。

　経済学者である E. H. Chamberlin は競争市場での商品の差異について、「生産物の（質的）分化」という表現を用いる。その差異は客観的であったとしても、主観的なものであったとしても、それが消費者にとって認知されたならば、商品の購買を実現させる。その差異の程度は問題にはならない。競合商品に対する相対的な比較において、優劣が決定されるだけで十分であり、わずかな程度であることは競争に投入される費用を最小限に抑え、利益を拡大させることから重要である。購買は偶然決定されるものではなく、あくまでも消費者の意

---

[2] P. Kotler, *Marketing Management 4th ed.*, Prentice Hall, 1980.（村田昭治監修・三村優美子他訳『コトラー マーケティング・マネジメント 第4版』プレジデント社、1983 年）、305–307 頁。

識的選択によってなされることを忘れてはならない。その差異が商品そのものに基づくこともあるが、流通過程における場合もある。これ以降、筆者の補足を加えて説明すれば、商品の本質的部分での品質や機能の向上だけでなく、付帯的な部分、例えば、特許の付いた排他的特徴となる商標や商品名、デザイン、色、スタイル、包装、容器などは製造企業によって分化の要素となる。流通過程にあって、特に店舗について、立地、格調、性格、経営形態、信用性、接客の丁寧さ、効率性、消費者との関係性などもその要素に含まれる。それらは競争のための単なる費用の増加に結び付くことなく、価値そのものを増殖し、利益の増加を導く要素ともなっている[3]。

結論付けるならば、筆者の意図する価値創造型製品戦略はChamberlinの見解に依拠する。核となる商品は付随する要素の価値を創造し、それらの総体は消費者にとっての購入対象になり、企業に利益をもたらせる。販売店は消費者の購買に直接係わる重要な場であるが、製造企業にとって異なる経済主体であり、自らの意図を貫徹させるためには彼らが積極的にそれに関与しようと動機づく何かを提供しなくてはならない。それは流通系列化によるさまざまな特典・恩恵の提供による場合もあるが、その柱は競争力のある商品であり、あるコンセプトの下に統一された関連商品による豊富な品揃えの形成が利益の増加を加速させる。

ハーレーダビットソンを購入する消費者はそのオートバイに乗るライダーとして相応しい関連商品を購買する。パソコンであれば周辺機器が購入されるというような関連購買の中心になる商品とそれに関連する付帯的な商品群が価値を創造すると筆者は理解する。極端な例として、大量生産された商品ではないが、ある海外高級アパレルブランドの場合、商品を包装する際に利用されたリボンがネット上で商品として販売される程である。

---

3) E. H. Chamberlin, *The Theory of Monopolistic Competition: A Re-orientation of the Theory of Value 8th ed.,* Harvard University Press, 1962.（青山秀夫訳『独占的競争の理論』至誠堂、1966年）、72-90頁。

第3節　製品ライフサイクル

　新しい商品が市場に導入されてから撤退するまでの一連の過程を製品ライフサイクルと呼び、各段階での市場の様相も合わせて説明がなされる。

　第一段階目にある導入期における商品は競合商品が存在せず、独占的な市場ではあるが、消費者のその商品に対する認知度は低く、売上高はゆっくりと増加するものの、利益の確保は出来ない。商品が販売される以前に、全国隈なく商品を行き渡らせ、全国に向けて力強い広告宣伝活動を行わなくてはならず、更に、商品開発費用も回収しなくてはならないからである。革新的な商品であるならば、それらの費用を効率よく回収するために、上層吸収価格戦略が採用され、高所得者層を対象とした高価格設定がなされる。

　第二段階目にある成長期におけるその商品は広く消費者に認知され、販売が急速に増加し、利益も増大する。上層吸収価格戦略では価格を漸次的に下げていくことで効率的に利益を確保すると共に、一般消費者にも購買できるようにする。魅力ある市場を形成する事実を競合他社も確認する段階になり、参入企業が増加する。後発商品は市場の様相をしっかりと把握しているため、又、投資費用も軽減されるため、商品の差別化を積極的に行う。市場全体の拡大に伴い、流通過程に滞留する競合商品も増加する。商品価格は低下する方向に動き始める。競合商品に打ち勝つため、販売促進費用をさらに投入すると同時に、流通過程の管理を強化することによって販売力を高めようとする。規模の経済、学習効果も重なり、利益はますます増加する。他社の追随から逃れようと、品質の改良、新モデルの導入、特徴の追加、販路開拓、告知的広告から説得的広告への移行等、マーケティングを積極的に活用するようになる。高い市場占有率と高利益を得ることで支配的な市場地位を確保する。

　第三段階にある成熟期におけるその商品は売上高が緩やかに減少し、利益は横ばいまたは若干の低下傾向になる。商品はほとんどの消費者に認知されるだけでなく、競合商品との詳細な差異までも把握され、潜在的な消費者を探すこ

とも困難な状況になる。マーケティングは直感的に成長期段階でと思われるかもしれないが、競争が激化し、市場が縮小する可能性のある成熟段階にこそ強く求められる。各社はマーケティング費用をますます投入するため、その費用を抑えることは直接的に市場が奪われることを余儀なくする。それに投入される費用が原因となり、利益は縮小する可能性がある。過剰在庫の処理問題が顕在化する。弱小企業が市場から撤退するため、競合企業数が少数になり、消費者の商品選択肢が減るため、既存商品の固守することなく、新製品開発と製品改良、市場の新規開拓なども積極的に行うようになる。

　第四段階にある衰退期は売上高が急速に低下し、利益が減少する。競合商品との関係だけでなく、代替品や新たなコンセプトを有する新商品が導入されるためである。この段階ではマーケティング戦略ではなく、それも含めたより広い経営戦略的な判断が求められる。市場が縮小するだけでなく、その部門が赤字に転落する可能性もある。撤退するか居座るかの判断は簡単ではない。居座れば赤字が恒常的に累積するかもしれない。それに対して、撤退はそのような問題からは解放されるものの、競合企業が先に撤退すればその市場を競い合うことなく獲得できる可能性を失い、相手にその利益を与えることになる。従業員の雇用問題もあり、新商品の生産との兼ね合いもあるからである[4]。

第4節　製品開発とイノベーション

　イノベーションは新しい価値を生み出すものであり、当然に商品の価格にそれは反映され、その影響の裾野まで管理活動が関与できれば膨大な利益が得られる。知識集約型商品であれば利益率が更に高くなり、従業員への給与によるインセンティブにもなる。IT関連産業は市場がインターネットによって世界規模での広がりが確保され、生産活動が商品のような機械設備の制約を受けな

---

4)　岩永忠康『現代マーケティング戦略と基礎理論』ナカニシヤ出版、1995年、108–113頁。原典は P. Doyle, "The Realities of the Product Life Cycle," *Quarterly Review of Marketing*, Summer 1976.

いため、その効果が顕著に現れる先発優位な産業である。

　イノベーションに係わる観念中心型開発は直感や洞察力を基礎とする開発方法であり、開発プロセスの定式化は不可能である。この成果は開発担当者の能力に大きく左右されるものであり、広く一般的な現象として認められる商品は大量生産とは対極にある海外高級アパレルブランド商品が適切な例である。トップデザイナーが時代の流れを独特な感性で読み取り、商品にそれを具現化する。そのブランドのコンセプトは厳格に守りつつも、流行の最先端を形成するような商品は市場調査実施の意味がない。消費者がデザインを斬新であると認識し、それを好意的に受け止めてもらえるという点からすれば、当然に消費者ニーズに適合するものではあるが、顕在的な消費者ニーズではなく、それは潜在的なものであることは明白である。対象となる市場は相対的に小さくはなるものの、市場競争力は非常に高い。時代を遡れば、今日我々がその存在に疑問を抱かない飛行機、携帯電話、パソコン等も製品コンセプトの設計時点では海外高級アパレル商品の開発と同様であったと言えるかもしれない。

　市場調査型開発はアンケート調査、対面式調査、グループ調査等、多様な方法がある。ある仮説を構築し、その妥当性を確認する仮説検証型とさまざまな要素を取り上げる探索型がある。最近は各社が管理するSNSを活用し商品のアイデアを抽出する場合もある。但し、市場を形成する消費者のニーズに関する調査は消費者の顕在的なニーズを充たすものであって、革新的な市場競争力のある商品が開発される可能性は低くなる。

　情報に関するひとつの話がある。インターネットが発達するこの時代、どこに居ても膨大な情報を得られる時代になった。アンケート調査もインターネットを活用して実施できる。そうであるならば、地方に住んでいても最先端の感覚を持ち続け、素晴らしい商品を開発することが可能なのかと問われれば、「そうである」と答えることは難しい。東京のような人口が過密した都市の中で直接的に何かを感じることが必要不可欠である。情報は数量的に表せない要素こそが重要である。

J. B. Stewart は製品開発を 6 段階に分けた[5]。
1. アイデアの探求や収集段階・・・直上に挙げた方法などによって、幅広くアイデアを収集する。過去であれば自社で開発・生産が可能な範囲でのアイデアを思考していたかもしれないが、共同開発や委託生産も頻繁にみられる今日にあって、アイデアの範囲は広がっている。また、その活動は研究開発部門だけでなく、営業部門にも、場合によっては消費者にも積極的な広がりがみられる。
2. アイデアの審査（スクリーニング）・・・アイデアを審査し、取捨選択する。
3. アイデアの明確化・・・より具体的に商品特性や研究開発のポイントを検討する。
4. 商品開発・・・プロトタイプの試作を行う。生産技術やシステムの改善・開発も行う。
5. 商品の市場テスト・・・消費者にプロトタイプを認めてもらえたら、市場への導入に関する経路選択、価格、市場規模の予測など、マーケティング戦略を検討する。
6. 商品化・・・実際に市場への導入をする。

---

[5] J. B. Stewart, "Product Development," in G. Schwartz (ed.), *Science in Marketing*, Wiley, 1965, p.167.

第4章　ブランド戦略

第1節　ブランドとは何か

1. ブランドとは

　ブランドは、現在のマーケティング研究や消費者行動研究において大きな関心をもたれている。企業において、コモディティ化、すなわち他社と差別化できない商品やサービスを、差別化するひとつの手段がブランドである。ブランド化を通じて顧客に自社商品やサービスを選択してもらうために行うのがブランド構築である。

　アメリカ・マーケティング協会では、「ブランドとは、ある売り手の財やサービスを他の売り手のそれとは異なるものと識別するための名前、用語、デザイン、シンボル、およびその他の特徴である」と定義している[1]。売り手である企業は自社の商品やサービスに、名前、用語、デザイン、シンボルなどをつけることにより、買い手である顧客に他社のそれとは違うことを認識させ、自社ブランドを選択させるようにさせるものである。またブランドをつけることにより、顧客にそのブランドの責任の所在が自社にあることを保証している。

2. ブランドの起源

　ブランドは、「焼き印をつけること」を意味する古ノルド語の"brandr"から派生した用語であると言われている[2]。すなわちある自社商品を他社商品と

---

[1]　青木幸弘「ブランド政策－ブランド構築の枠組み－」池尾恭一・青木幸弘・南知惠子・井上哲浩『マーケティング』有斐閣、2010年、414頁。
[2]　三浦俊彦「ブランド戦略－ブランド・アイデンティティを創り、伝える－」戦略研究学会（編編）原田保・三浦俊彦（編著者）『〈叢書アカデミア①〉マーケティング戦

区別するためにつけられたものである。放牧を行う酪農家が、自分の牛と他人のそれとを区別するためにつけたのが始まりだと言われている。古代では陶工の印、中世では職業別ギルドの印として使われており、ブランドの歴史は古い。

3. 製品とブランドの違い

　「製品（Product）」と「ブランド（Brand）」とは、日本語でも英語でも違う言葉であることから同一の用語ではないことは明らかである。一般的にマーケティング関連の書籍のなかで「ブランド」は、マーケティング・マネジメント（マーケティング・ミックス、マーケティングの4P）において「製品（Product）」の章のなかで取り扱われているし、同じような意味として使われることもある。しかしながら、近年「ブランド」の重要性が増大してきていることから、同書籍のなかでも、「製品（Product）」と「ブランド（Brand）」を別の章として取り扱うことがある。

　「製品」と「ブランド」の違いを明確にするために、「製品開発」と「ブランド構築」という用語により、その違いを説明する[3]。「製品開発」とは、企業の技術シーズを基に製品を開発することである。すなわち、どのような機能の製品をどのような原材料や素材を使って、どれくらいの品質の製品を作るかである。一方、「ブランド構築」とは、開発された製品に名前やデザインをつけて顧客に他社製品との違いを訴求するものである。ただ「製品開発」も「ブランド構築」も、その成否を測る物差しは、売上げや市場シェアであることから、似かよった部分を合わせ持つといえる。

　「製品開発」は企業がもつ技術シーズを基に製品の機能的価値に力点をおいた「製品開発」が行われやすいが、コモディティ化が進行しているなかで大きな売上げや市場シェアを獲得することは困難である。それは、どんなに品質の良い製品であっても、企業が期待した売上げや市場シェアを獲得することができない製品があることからも明らかである。そのため企業が「製品開発」を行

　　略論－レビュー・体系・ケース－』芙蓉書房出版、2008年、121頁。
3)　青木幸弘、415–416頁。

う際には、市場調査（マーケット・リサーチ）を行い、調査した市場ニーズに企業の技術シーズを合せるかたちで「製品開発」を行わなければならない。

一方、「ブランド構築」は、「製品開発」を基にして行われるものであるが、どんなに品質の良い製品であったとしても、そのブランド価値が高く評価されるとは限らない。したがって強いブランドを構築するためには、そのブランドの価値を顧客に伝達する手段としてのコミュニケーションがより重要になる。

4. ブランドのメリット

ブランドのメリットはブランドをつけた商品やサービスを販売する企業側と、それを購入する顧客側の双方にある。

(1) 企業側のメリット

自社の商品やサービスにブランドを付与して販売する企業側のメリットは大きく4つある[4]。第1に、ブランド名は、商品やサービスの品質を語るものであることである。第2に、ブランド名やブランドマークを登録商標や意匠登録することにより、それを法的に保護することができる。第3に、企業が同一のカテゴリーにおいて、複数の種類の商品やサービスをもっている場合、その違いを明確に示すことができるとともに、市場細分化する際の手助けとなる。第4に、ブランドはそれに高いロイヤルティをもつ顧客からの継続的な購入を促すことにより、企業に安定した売上げと利益をもたらしてくれる。

(2) 顧客側のメリット

ブランドがつけられた商品やサービスを購入する顧客側のメリットは大きく4つある[5]。第1に、ブランド名やブランドマークがついていることで、顧客

---

[4] フィリップ・コトラー、ゲイリー・アームストロング（著）、和田充夫（監訳）『マーケティング原理－基礎理論から実践戦略まで－ 第9版』ダイヤモンド社、358頁。
　　フィリップ・コトラー、ゲイリー・アームストロング（著）、恩藏直人（監訳）月谷真紀（訳）『コトラーのマーケティング入門 第4版』丸善出版、2014年、279頁。
[5] フィリップ・コトラー、ゲイリー・アームストロング（著）、恩藏直人（監訳）月谷真紀（訳）279頁。
　　水越康介「unit10　ブランド」黒岩健一郎・水越康介『マーケティングをつかむ』有斐閣、2012年、100-101頁。

の購入決定にかかわる時間を短縮することができる。第2に、ブランド、特に高級ブランドは、顧客の自己表現を媒介する役割を果たす。第3に、ブランドは顧客に対して、その企業の商品やサービスの価値を示すことにより購入する際の判断基準を与える。第4に、顧客が同じブランドの商品やサービスを継続して購入する場合は、それを購入するたびに同じ品質が手に入るとわかっていることから、安心して購入することができる。

第2節　ブランド・エクイティとブランド・アイデンティティ

1.　ブランド・エクイティ

　ブランド・エクイティは、日本語でブランド資産と訳されることが多い。アーカーは、「ブランド・エクイティとは、ブランド、その名前やシンボルと結びついたブランドの資産と負債の集合である。」と定義している[6]。そして、ブランド・エクイティは、ブランド・ロイヤルティ、名前の認知、知覚品質、知覚品質に加えてブランドの連想、他の所有権のあるブランド資産、の5つから構成されているとしている。

　ある企業のブランドが高いブランド・エクイティをもつことにより、競合企業に対して競争優位を得ることができる理由は次のとおりである[7]。第1に、企業が強いブランドをもっているならば、そのブランドに対する顧客のロイヤルティやブランド認知度が高いことから、そのブランドを取り扱う卸売業者や小売業者との交渉が優位になる。第2に、そのブランドに高い信頼性があることから、製品ライン拡張やブランド拡張を容易に行うことが可能となる。第3に、強いブランドは、競合する他社ブランドとの競争、特に価格競争において有利となる。

---

[6]　デービット・A・アーカー（著）、陶山計介・中田善啓・尾崎久仁博・小林哲（訳）『ブランド・エクイティ戦略－競争優位をつくりだす名前、シンボル、スローガン』ダイヤモンド社、2004年、20–21頁。
[7]　フィリップ・コトラー、ゲイリー・アームストロング（著）、和田充夫（監訳）、359頁。

次にブランド・エクイティを構成する5つの要素をみる[8]。

① ブランド・ロイヤルティ

ブランド・ロイヤルティは、ブランド・エクイティのなかで大きな部分を占めている。あるブランドに対して高いロイヤルティをもつ顧客は、商品やサービスの価格に大きく影響されることなく、そのブランドを継続的に購入してくれるからである。

② 名前の認知

ブランドの認知度が高いということは、そのブランドが広く知られているということであり、知名度の高いブランドほど、それ以外のブランドよりも顧客から選んでもらえる可能性が高くなる。

③ 知覚品質

知覚品質とは、顧客がそのブランドに対して抱いている品質イメージのことである。あるブランドに対する顧客の知覚品質が高いほど、同じカテゴリーの商品の中でもより高い価格で販売することができ、それにより利益率を高めることができる。

④ 知覚品質に加えてのブランド連想

ブランド連想とは、顧客がブランドからイメージするさまざまな連想のことをいう。顧客がそのブランドから連想するイメージは顧客により異なることがあるが、顧客がそのブランドに対して多くの連想を思い浮かべるほど、そのブランドに対してよいイメージをもつことになる。

⑤ 他の所有権のあるブランド資産

企業が自社のブランド名を登録商標したり、独特な商品デザインを意匠登録することにより、他社からの模倣を防ぐことができる。

2. ブランド・アイデンティティ

アーカーは、「ブランド・アイデンティティは、ブランド戦略策定者が創造

---

[8] 小川孔輔『マネジメント・テキスト マーケティング入門』日本経済新聞出版社、2009年、661–664頁。

したり維持したいと思うブランド連想のユニークな集合である。この連想はブランドが何を表しているかを示し、また組織の構成員が顧客に与える約束を意味する。」と定義している[9]。そしてブランド・アイデンティティが行う価値提案には、機能的便益、情緒的便益、自己表現的便益の3つがあるとしている。この3つの便益は共に重要であるが、特に高級ブランドにおいては、それを使用したり所有したりすることにより得られる情緒的便益あるいは自己表現的便益につながるからこそ、顧客がその高級ブランドを購入してくれることを忘れてはならない。すなわち、商品やサービスの機能的便益のみを訴求するだけでは不十分であり、コモディティ化が進んでいる今日においては、同様の機能的便益をもつ商品やサービスが多数存在していることからも、顧客の情緒的便益や自己表現的便益を高める必要がある。

第3節　ブランドの構造

1.　ブランドの階層構造

　日本企業が使うブランド名は、「企業ブランド名」＋「商品ブランド名」の組み合わせが多い[10]。ブランドのこの組み合わせを住宅の階層になぞらえると、ブランドの「2階建て構造」と呼ぶことができる。「企業ブランド名」＋「商品ブランド名」＋「属性ブランド名」のように、ブランドの「3階建て構造」を使う企業もある。例えば、任天堂の「Nintendo Switch」は「2階建て構造」であり、「new NINTENDO 3DL LL」は「3階建て構造」である。同様にキリンビールの「キリンラガービール」や「キリン秋味」は「2階建て構造」であるが、「属性ブランド」をもつ「キリン一番搾り」は、「キリン一番搾り黒生」のような「3階建て構造」をもつ場合もある。

---

9) デービッド・A・アーカー（著）、陶山計介・小林哲・梅本春夫・石垣智徳（訳）『ブランド優位の戦略－顧客を創造するBIの開発と実践－』ダイヤモンド社、2004年、86頁。
10) 小川孔輔、642-643頁。

2. ブランド名によるアンブレラ効果とレバレッジ効果

　ブランドの「2階建て構造」や「3階建て構造」のように、ブランド名の最初に「企業ブランド名」がついている場合は、この「企業ブランド名」が、個別の「商品ブランド名」を保証する役割を担っている[11]。これを「企業ブランド名によるアンブレラ効果」という。

　一方、ソニーの商品名は、テレビは「ブラビア」、ゲーム機は「PlayStation」、パソコンは「VAIO」、ペットロボットは「aibo」のように、「企業名ブランド」がつけられていない。しかしながら、顧客の多くはこれらの「商品ブランド名」がソニーの商品であることを理解している。したがって、個別の「商品ブランド名」がソニーという企業名の価値を高める役割を果たしていることから、これを「商品ブランド名によるレバレッジ効果」という。

　企業が事業を拡大する際には、成功した「商品ブランド名」のレバレッジ効果を効率的に利用することが重要である。ブランドのレバレッジ効果には大きく、ライン拡張、垂直的ブランド伸長、ブランド拡張、提携ブランドの付与、の4つがある[12]。

　① ライン拡張

　ライン拡張とは、同じ商品カテゴリー内で新しいバージョンをつくり出すことである。新しい風味や新しいパッケージや新しいサイズをつくること等はライン拡張である。

　ライン拡張のメリットには、多数の品種を提供することから顧客層を広げる効果、ブランドを活性化させる効果、新しい技術を開発することによるイノベーションを創出する効果、そして競合企業の動きや売上げを抑制する効果がある。

　一方でライン拡張のデメリットには、新しいバージョンが増えることにより生産コストが増大するとともに、生産効率を低下させる。またそのブランド全

---

[11] 小川孔輔、643-644頁。
[12] デービッド・A・アーカー（著）、陶山計介・小林哲・梅本春夫・石垣智徳（訳）、362-398頁。

体の意味を曖昧にし、顧客とのコミュニケーションを難しくすることがある。
　② 垂直的ブランド伸長
　垂直的ブランド伸長には、上方伸長と下方伸長の2つがある。
　上方伸長は、現在の商品価格帯よりも上の価格帯に進出することをいう。多くの商品は、規模の経済を獲得するために顧客が購入しやすい価格で販売する。しかし、この価格は競合他社も狙う価格であることから、価格競争に陥りやすく、下方からの圧力を受ける。そうして価格が引き下げられ、利益額・利益率とも低下する。したがって、現在の価格帯よりも上の価格帯に進出し、成功することができれば、競争も少なく、利益率も高めることができる。上方伸長を行う際には、既存のブランド名と全く異なる新しいブランド名を使用する場合や、既存ブランド名のサブブランドを使用する場合がある。
　一方、下方伸長とは、現在の価格帯よりも下の価格帯に進出することをいう。下方伸長は、コモディティ化により今日の市場がますます低価格指向が強くなってきていることに対応するのに適している。下方伸長を行う際には、ブランド価値が低下しないよう注意しなければならない。低下したブランド価値を元に戻すのはとても困難であることを理解したうえで下方伸長しなければならない。特に高級ブランドの低価格帯をつくる場合は、既存ブランドの価値を保持する対策をとりながら、下方伸長すべきである。高級アパレルブランドが、顧客層を広げるために、下方伸長することがみられるが、これにより顧客層が広がるというメリットはあるが、従来の顧客層がそのブランドにプレステージ性を感じなくなってしまうと、既存ブランド自体の価値が崩壊するリスクにも十分注意しなければならない。そして下方伸長を行う場合には当然のことであるが、コストを削減しなければならない。また低価格帯での競争において生き残るためには、価格以外の面において他社商品との差別化を図ることも必要となる[13]。

---

13) デービッド・A・アーカー「ブランド展開のマネジメント」Harvard Business Review 編、DIAMOND ハーバード・ビジネス・レビュー編集部（訳）『ブランド・マネジメント』ダイヤモンド社、2001 年、78 頁。

③　ブランド拡張

　ブランド拡張は、既存ブランド名を新しく参入する別の商品カテゴリーにも使用することである。

　ブランド拡張のメリットには、既存の有名なブランド名を使用することにより、新しく参入する商品カテゴリーにおける認知度を早く高めることができることにあり、またブランド拡張によりブランド連想とブランド認知を補強することができる。

　一方、ブランド拡張のデメリットには、ブランド拡張した商品の売上げや品質イメージが低いと、既存ブランドにもその悪影響が広がる点にある。

　ブランド拡張は、従来の商品カテゴリーを超えて新たなカテゴリーに参入することから、そうしたブランドを「レンジ・ブランド」または「メガ・ブランド」と呼ぶことがある。

④　提携ブランドの付与

　提携ブランドとは、別の商品カテゴリーにおいて成功しているブランド名を利用させてもらうことにより、早期に新しい市場での認知度を高める手法である。

　提携ブランドのメリットには、双方のシナジー効果を追求することができ、2つのブランドを1つの商品に用いることによりブランド構築にかかるコストを削減することができるとともに、急速にブランド認知度を高めることができることにある。

　一方、提携ブランドのデメリットには、結合に相応しい最適なブランドをみつけだすことが困難な点にあり、さらに元々異なる企業同士が提携契約を締結するまでに多くの困難がある。

第4節　ブランド力

　企業の商品やサービスのブランド力、ブランド価値を測ることがしばしば行われている。日本では日経MJに掲載される「ブランド・ジャパン」によるブ

ランド指数、世界ではインターブランドの「ブランド価値」によるブランド価値金額などがある。こうしたブランド・ランキングでは誰もが知っているブランドが上位にランキングしている。

　こうしたランキングにも、いくつか注意すべき特徴がある。まず第1に、「企業ブランド名」と「商品ブランド名（サービス・ブランド名を含む）」が混同してランキングされている点である。第2に、耐久消費財と非耐久消費財が一緒にランキングされている点である。非耐久消費財は比較的低価格であることから、一般にランキングが高いブランドほど売上げや市場シェアも高いと考えられる（ブランド・ランキングが高い ＝ 売上げ・市場シェアも高い）。しかしながら、耐久消費財、例えば高級自動車である「ベンツ」のランキングが高かったとしても、誰もがベンツを購入することができるわけではないことから、売上げや市場シェアが高いとは限らない（ブランド・ランキングが高い ≠ 売上げ・市場シェアも高い）[14]。第3に、ブランド・ランキングが高い企業は売上高も高いと思われるが、アパレル企業の場合には、ブランド・ランキングが高くても他業種と比較すると売上高はそれほど高くないことがある[15]。

14）フィリップ・コトラー、ゲイリー・アームストロング（著）、恩藏直人（監訳）月谷真紀（訳）、282頁。
15）杉林弘仁「グローバル・ブランド戦略」小田部正明・栗木契・太田一樹編『1からのグローバル・マーケティング』碩学舎、2017年、139頁。

第5章　価格戦略

第1節　価格の考え方

　価格（Price）は、企業の収益に関する重要な要素であるとともに、消費者としても、購買時の意思決定を行う際の判断基準となる。企業が決定する価格戦略は、主に商品とサービス（物財とサービス財）の販売価格を決定する戦略となる。

　価格とは、商品の価値を貨幣で表現したものであり、価格が高いか安いかはその商品やサービスの希少性の尺度として捉えられる。つまり、価格は、私たちが貨幣と商品を交換する際に、どれだけの貨幣が必要となるかを示す指針となる価値を示している。一般的に、価格は需要と供給によって決定される。また、商品の希少性が高い場合、価格が上昇し、消費が少なくなる。一方、商品の希少性が低い場合、価格が下落し、消費が喚起されやすくなる。しかし、現実においては、希少性の有無に関わらず恣意的に価格が決まることもある[1]。また、政府や企業の思惑によっても価格が決定されている。

第2節　価格設定とその方式

　価格はどのようにして設定されるのであろうか。その中心となる考え方は、商品であれば、製造コストに基づいて設定されていることにある。製造コスト

---

1) 今光俊介「価格戦略−新しい低価格戦略−」、伊部泰弘・今光俊介・松井温文編著『現代のマーケティングと商業』五絃舎、2012年、73頁。

を下回った価格設定では、利益を出すことが出来ないため、商品を作れば作るほど、サービスを提供すればするほど赤字となる。それでは、企業は経営していけない。製造コストは、原材料費と製造に係るさまざまな経費（製造に係る人件費、輸送・保管費、包装費など）を加えた製造原価に販売管理費（広告宣伝費、販売に係る人件費、販売促進費など）と企業の業務活動に関わる一般管理費を加えたものになる。

　このように企業が商品やサービスの価格を設定することをプライシング（価格設定）という。このプライシングは、単に高価格設定なのか低価格設定なのかといった二律背反で決めることはできない。

　そこで、本節では、企業が取りうる価格設定について、製造企業と小売企業の価格設定から考えてみたい。その理由は、製造企業で生産された商品も最終的には小売企業で販売されるためである。

1. 製造企業が取りうる価格設定方式

　製造企業が取りうる価格設定方式には、主にコスト・競争・需要を基準とした価格設定方法がある[2]。

　まず、コストを基準にした価格設定方式は、最も基本的で企業側の都合にあわせた価格設定方式であり、具体的には、コスト・プラス方式、損益分岐点方式などの価格設定方式がある[3]。コスト・プラス方式は、コスト＋利益＝販売価格で設定する。コストは、製造コスト（原材料費、輸送・保管に係る費用、製造に係る人件費、商品を包装する梱包費など）と販売管理費（広告宣伝費、販売に係る人件費、販売促進費など）を合わせた金額をいう。このような価格設定方式は、変動費の割合が高い注文生産品を扱うような企業が取りうる価格設定である。

2）　岩永忠康『現代マーケティング戦略の基礎理論』ナカニシヤ出版、1995年、128-131頁。伊部泰弘「企業の販売戦略」高木直人編著『経営学入門』五絃舎、2014年、119-120頁。成田景堯「企業の価格政策」成田景堯編著『京都に学ぶマーケティング』五絃舎、2014年、74-78頁。今光俊介「価格戦略」伊部泰弘編著『北陸に学ぶマーケティング』五絃舎、2017年、71-75頁。
3）　成田景堯「企業の価格政策」、前掲書、74-75頁。

損益分岐点方式は、販売数量を予想したのち、固定費、変動費、目標利益額の総和から目標売上金額を算出し、その目標売上金額を予想した販売数量で割り算することで販売価格（単価）を算出する。つまり、損益分岐点方式は、目標とする販売数量次第で変化する価格設定方式といえる。

　次に、競争を基準とした価格設定方式は、競争業者が決めた価格を基準にして自社の商品価格を決定する手法である。大量生産を行う製造企業が属する業界は、市場競争が激化し、市場シェアの奪い合いが行われ、価格設定が激しく変動する。そのため、競争業者を常に意識した価格設定方式を取る。その手法として主に実勢価格法と入札価格法がある[4]。

　実勢価格法とは、特定業界における標準的価格（業界標準価格）に基づき決められる価格である。特に特定業界には、業界標準価格を決めるパワーをもつ、プライス・リーダー企業が存在し、それ以外の企業（業界2位以下の企業をプライス・フォロワーという）は、プライス・リーダーが設定した価格を基準に価格設定を行うことがある。つまり、プライス・リーダーが価格を上下させると、それに合わせて他の企業も追随するような価格設定方式である。ビールの価格など業界トップのプライス・リーダーが価格の値上げをすると、他社が追随するという事例が多数見られる。入札価格法とは、物品の売買や工事の請負において複数の希望者がいる場合において、入札によって受注者を決定すると同時に受注者が提示した価格に設定される方式である。通常、発注者が決めた条件に基づき、最低金額での受注を希望した企業が選ばれることになる[5]。

　最後に、需要を基準とした価格設定は、消費者の価格意識に基づいて製造企業が決定する価格設定の方式である。特に製造企業が取りうる価格設定方式には消費者の商品に対する知覚価値に基づいた価格設定がある。消費者が商品に対して「これくらいならば支払っても良い」と考える価格を基準とした設定方法である。具体的には、知覚価格法、慣習価格法などがある[6]。

---

4)　同上、76-77頁。
5)　製造企業に限定されていないが、最近急速に進んでいるネットオークションも入札価格法の一種であると考えられる。
6)　今光俊介「価格戦略」前掲書、72-73頁。

知覚価格法とは消費者が商品に対してどれだけの価値を知覚するかに基づいた価格設定法である。当該商品に消費者が支払っても良い上限価格の予測が必要であり、市場調査などで把握し、試作段階で消費者に上限価格を確認することができるため、上限価格に見合ったコスト計算や損益計算に役立てることが可能となる。慣習価格法とは、社会的慣習に基づいて設定される価格法である。例えば、ガムなら100円、ペットボトル飲料なら150円など消費者の心理に深く刻み込まれた価格であり、それ以上の価格を設定すれば需要は減少し、それ以下でも慣習に裏打ちされているため、あまり需要が伸びないのが特徴である。

2. 小売企業が取りうる価格設定方式

小売企業が取りうる価格設定についても、製造企業と同様にコスト・競争・需要を基準とした価格設定方法からみていく。

まず、コストを基準とした価格設定方式には、マークアップ方式がある。これは、仕入原価（係数1）に対して一定割合の利益率（マーク・アップ率）を掛け合わせて算出する価格設定方式である。具体的には、仕入原価100円のジュースに利益率30％を設定した価格（100×(1＋0.3)＝130円）を販売価格とする方法である。この手法は、一定の利益を必ず確保し、販売企業の収益を安定されるための価格設定手法である[7]。

次に、競争を意識した価格設定方式には、競争店調査（ストアコンパリゾン）などによって得られた競合の価格を意識した価格設定方式がある。特に、家電量販店などは、競合する企業が扱う商品の価格を調査し、それよりも1円でも安く消費者に提供することを謳っている企業もある。また、同じく家電量販店では、家電製品の価格について製造業者が指定する希望小売価格からオープン価格制を取っているところが増えており、それも他店との競争を意識した価格設定方式となっている。

最後に、需要を基準とした価格設定方式として、消費者心理を意識した価格設定方式がある。主なものには端数価格法、名声価格法、価格ライン法、特価

---

7) 成田景堯「企業の価格政策」、前掲書、74頁。

品法などがある[8]。

　端数価格法とは、キリのいい数字で価格を設定するのではなく、1,998円、9,999円など端数を価格に設定し、キリのいい数字の価格との差額以上に消費者に割安感を示すことで消費者の購買を促すような価格設定法である。しかし、1円でも値下げをすれば、それだけ利益が減ってしまうため、注意が必要な価格設定でもある。

　名声価格法とは、消費者に価格が高いと品質も良いと思わせる価格設定法であり、価格で商品の品質を推し量れない高級ブランド品などぜいたく品や希少性が高い商品について有効な価格設定法である。高価格設定であれば、商品の価値が高められ名声を得やすいが、価格が低すぎると消費者に偽物ではないかと疑われてしまうこともある。

　価格ライン法とは、消費者に商品の選択の幅を持たせることができるように品質に基づいて、高価格帯、中価格帯、低価格帯などに分類する価格設定法である。この手法で価格設定をする場合、企業が最も売りたい推奨商品などをどの価格帯に持ってくるのかをしっかりと検討する必要があり、それにより収益も変化することに注意する必要がある。

　特価品法とは、販売を促進する目的で通常よりも特別に低い価格設定を行う手法である。チラシなどに期間限定で掲載される目玉商品（ロス・リーダー商品）の特別価格、廃棄ロスを防ぐためのタイムサービス価格、賞味期限が残り少ない商品の見切価格などの価格設定が該当する[9]。

第3節　新商品の価格設定戦略

　大量生産する製造企業において、新商品を開発して市場に出す際、必ず当該

---

[8]　岩永忠康　前掲書、129-130頁。今光俊介「価格戦略」、前掲書、73-74頁。
[9]　その他にも、主にサービス企業で取られる価格設定方式に差別的価格法がある。これは、市場の需要の度合いによって価格をいくつかのセグメントに分類する価格設定法である。大人料金と子供料金、ホテル料金における繁忙期と閑散期による価格設定、列車の指定席と自由席での料金設定などが該当する。今光俊介「価格戦略」、同上、73頁。

商品をいくらにすることでいくらの利益を得られるかといった価格設定の戦略が策定され、実行される。

その際の価格設定戦略として、上層吸収価格戦略（上澄み吸収価格戦略）と市場浸透価格戦略がある[10]。

上層吸収価格戦略とは、新商品を市場に導入する際つまり製品ライフサイクルの導入期においては、高価格設定を行い、競合企業が市場に参入する前に市場の上澄みを吸収し、それ以降は、徐々に価格を下げていく戦略である。この戦略は、革新的で付加価値の高い商品に有効である。特に、新しいものの購買を好んで行うイノベーター（革新者）に新商品の価値を訴える手段の１つとして高価格を設定することで、高級イメージを形成し、彼らの購買意欲を刺激し、購買を促進させる手法として取られる。また、彼ら以外にも高所得者層に訴えることが出来れば、開発にかかったコストやマーケティングコストを早期に回収できるメリットがある。具体的には、パソコン、液晶テレビやブルーレイ・ディスクプレイヤーなどは、商品の導入期に高価格設定を行い、成長期や成熟期になるに従い、競合が増加することと相まって価格が引き下げられていくこととなった。

一方、市場浸透価格戦略とは、新商品を市場に導入する際、低価格で市場に参入にし、価格に敏感な消費者に早期に購買を促し、当該商品を浸透させることで市場シェアを素早く獲得する戦略である。また、競合よりも先に市場を制することができ、競合への参入を遅らせることができるメリットがある。

低価格での参入は短期的には、損失が出たとしても、薄利多売によって長期的に利益を出す戦略であるといえる。

第４節 事　例

これまでのように、価格はさまざまな状況に応じて設定されていることが確認できた。本節では、昨今の消費者の価値観を反映した、価格の事例を取り上げる。

---

10) 岩永忠康、前掲書、133頁。今光俊介「価格戦略」、同上、75-76頁。

1. 高級老人ホーム

　今後の日本は、総人口における高齢者の割合が一層高まり、2025年頃に超高齢化社会に直面する。これは戦後のベビーブームに誕生した世代が後期高齢者（75歳以上）に達するためだ。それに伴って、人々の介護への関心も高まっている。例えば介護施設には、特別養護老人ホーム、介護付き有料老人ホーム、サービス付き高齢者向け住宅、住宅型有料老人ホーム、認知症対応型共同生活介護（グループホーム）、介護付き分譲マンション、高齢者向けアパート等の多様な形態が存在する。自身の健康状態や、保有資産、理想とする老後生活にあわせて選択すればよく、施設に優劣をつけることは困難である。入居一時金に数千万円が必要な介護付き有料老人ホームもある一方で、月額10万円程度で利用可能な住宅型有料老人ホームも存在し、価格帯には大きな幅がある。

　高級有料老人ホームの場合、内装は高級ホテルのように設計されており、エントランスには大理石が施され、ロビーにピアノが設置され大変に優雅な雰囲気を醸し出している。食事内容も高価な食材をふんだんに使っており、さながら高級レストランのようである。特に東京都内には、富裕層を標的にした高級有料老人ホームが数多く存在する。都内屈指の高級住宅街の世田谷区成城にあるサクラビア成城[11]は、快適な居住環境と最高のサービスの下で運営される介護付有料老人ホームだ。施設は、セキュリティと在宅医療を得意とするセコムと都市デベロッパーの森ビルが共同出資で設立した株式会社プライムステージによって運営されている。年間を通じて医師が24時間常駐しており万全の医療体制が整っているのはもちろんのこと、施設内レストランで提供される入居者に応じた個別のメニューや銀行員の訪問サービスなど、高級ホテルと遜色ない豪華な施設で不自由の一切ない生活をおくることが可能である。ただし、応分の費用負担が求められる。居室は50.89㎡から147.44㎡まで15種類あって利用料はそれぞれ異なる。月額30万円[12]の利

---

11) サクラビア成城、https://www.sacravia.co.jp/（2019年2月1日アクセス）。
12) 管理費20.4万円、食費5万円、水道光熱費1.3万円、その他3.3万円の合計。

用料の他に、入居時[13]に1億395万円[14]が必要である。

　設備の豪華さ、提供されるプログラムや食事は、支払うことのできる金額によってその質が大きく変化する。しかし、介護職員の知識量・技術力・コミュニケーション能力・性格は、高級有料老人ホームでも低廉な老人ホームでも差異は無いことに注意して欲しい。それは、いずれの施設の場合でも介護職員の給与水準はほぼ同じであり、どの施設も人材不足だからだ。介護職員の給与は老人ホーム運営事業者に介護報酬として支払われた中から支払われる。従って、業態に関係なく支払うことが可能な金額は結果的に同水準になる[15]。

2. 格安SIMカード

　MMD研究所がおこなった調査によれば、ドコモ、au、ソフトバンクの大手携帯キャリアを利用している利用者が依然として80％以上存在する[16]ものの、格安SIMカードの人気も年々と高まっており、テレビCMなどでも頻繁に目にするようになっている。SIMカード（Subscriber Identity Module Card）とは、スマートフォンや携帯電話、モバイルルーター等に挿入されている小型ICカードだ。カードには電話番号を特定する為の固有の番号が記録されており、SIMカードが挿入されていないと通話やデータ通信を行うことが出来ない。また、格安SIMカードを販売している事業者はMVNO（Mobile Virtual Network Operator：仮想移動体通信事業者）と称される。MVNOが大手携帯キャリアから回線を借りて販売する独自サービスが格安SIMカードである。

　MVNOは他社の回線を借りてサービスを運用しているので、大手携帯キャリアのように無線通信インフラ設備の開発、設置、維持に係る必要が発生しない。これが格安SIMカードの利用料金を安く設定できる理由である。

---

13) 一時金方式（一人入居）Cタイプ50.89㎡の場合。
14) 入居一時金8,750万円とその他料金1,645万円の合計。
15) 武内和久・藤田英明『介護再編』ディスカヴァー・トゥエンティワン、2018年、30-35頁。
16) MMD研究所「2018年9月格安SIMサービスの利用動向調査」https://mmdlabo.jp/investigation/detail_1738.html（2019年2月1日アクセス）。

格安SIMカードを利用することの利点の1つは、利用料金が安くなることだ。例えば、大手携帯キャリアの料金[17]と格安SIMカード運営会社のIIJmioの料金[18]を比較した場合、格安SIMカードを利用した場合の方が年間で約5万円安い[19]。格安だから通話品質が劣るということはない。例えば、ドコモから回線を借り受けているMVNOの場合ならば、対応エリアやつながりやすさはドコモと同じだ。ただし、通信速度に関しては、大手携帯キャリアから借り受けた帯域分しか利用できないので、時間帯やMVNOによってはキャリアに劣る傾向がある。

3. サブスクリプション契約

サブスクリプション契約とはビジネスモデルの1つだ。英語のsubscriptionには新聞や雑誌の購読予約の意味があるが、近年はそこから派生して「有限期間の使用許可」の意味もある。利用者がモノを買い取るのではなく、モノの利用権を借りて利用した期間に応じて料金を支払う方式である。例えば従来のコンピュータ・ソフトウェアは、CD-ROMのような記録媒体で販売される「買い取り形式」が多かった。購入者はバージョンアップに追加料金を支払う場合もあるが、永続的に使用することができた。一方でサブスクリプション契約の場合は、月間や年間で契約して利用料金を支払うが、契約期間内のバージョンアップに対しての追加料金は不要である。利用者にとってサブスクリプション契約は追加料金なしで最新機能を継続利用できることが最大の利点であり、企業にとっては、継続して安定的な収入を確保できるという点が魅力となる。

ソフトウェアの分野で多く採択されていたサブスクリプション契約だが、近年は従来型のビジネスモデルに限界を感じるようになった、飲食、自動車、アパレル等、幅広い分野で導入されている。「野郎ラーメン」は2017年11月に、

---

17) データ通信 3,800 円（2GB/月）＋通話 2,700 円（かけ放題）＝税抜 6,500 円/月
18) データ通信（3GB/月）＋通話 600 円（通話定額）＝税抜 2,200 円/月
19) IIJmio 格安シム実践ガイド：https://www.iijmio.jp/hdd/guide/d1-1_otoku.jsp（2019 年 2 月 1 日アクセス）。

サブスクリプション・サービスの「1日一杯野郎ラーメン生活」をスマートフォン・アプリで開始した。これは「18 歳～38 歳限定」で月額 8,600 円（税抜）で同店看板商品の「豚骨野郎」780 円（税込）、「汁無し野郎」830 円（税込）、「味噌野郎」880 円（税込）の中からいずれかを1日一杯食べられるという企画だ。豚骨野郎だけを食べた場合は 12 杯で元を取ることができる計算になる[20]。

一方、異なる店の食事を楽しむことができるサービスも登場している。同じ定額制であっても、単一店舗でしか利用できないサービスよりも、幅広い店舗で使える方が利用者の満足度も高い。そのような複数店舗が加盟するサブスクリプション・サービスのうち、FOOD PASSPORT（フードパスポート）は食品ロス削減につながるとの期待が寄せられる社会問題解決を目指した仕組みだ。飲食店が仕入れ過ぎたり、余らせたりした余剰食材を利用して提供される、おまかせメニューを月額 2,980 円（税込）で1日1食楽しむことができる。ただし、利用の都度の飲物注文が条件である[21]。

2017 年に開始されたのが腕時計のサブスクリプション・サービスの KARITOKE（カリトケ）だ。時計のグレードに応じて4つのプランが用意されている。6万円程度の時計を中心に貸し出す学生などを対象とする月額 3,980 円（税別）の casual plan、20 万円前後の時計を貸し出す月額 6,800 円（税別）の standard plan、50 万円前後の時計を貸し出す月額 9,800 円（税別）の premium plan、月額1万 9800 円（税別）の executive plan では最高 200 万円の時計が貸し出される。会員登録後にインターネットで選んだ商品が自宅に届けられる。返却期限はなく、通常使用による汚損や破損に対する追加負担もない[22]。高級時計の購入前に試用したい場合や、商談やパーティー、デート等で見映えを求める際に利用するのが最も効果的であろう。

---

20) 1日一杯野郎ラーメン生活プレスリリース、http://fr-h.co.jp/news/subscription （2019 年2月1日アクセス）。
21) FOOD PASSPORT、http://food-passport.jp/ （2019 年2月1日アクセス）。
22) KARITOKE、https://karitoke.jp/ （2019 年2月1日アクセス）。

第6章　チャネル戦略

第1節　流通とマーケティング・チャネル戦略

　生産から消費に至るまでの過程を考察するのに、2つの側面を理解する必要がある。一つは、生産と消費に至る過程を社会経済的メカニズムとして捉える流通（distribution）という側面、もう一つは製造業による経路政策を担うマーケティング・チャネル戦略（marketing channel strategy）という側面である。

　これら2つの側面は、深く結びついている。なぜならば、通常マーケティング・チャネルには流通業者（商業者）が存在し、その流通業者は製造業者が生産した商品を消費者に販売する役割を担っている。これは、製造業者がマーケティング戦略を設計・実行する際に社会的メカニズムとしての流通について理解する必要があることを意味する。流通業者についての定義は多くの議論があるが、ここでは卸売業と小売業として捉えることにする。

　生産から消費に至る過程は、一般的に"製造業者―卸売業者―小売業者―消費者"から構成されている。製造業者は、主に商品を生産することを主な業務とするが、マーケティング活動を通じて流通にコミットメントしている。卸売業者は、商品の再販売を目的とした他の流通業者や産業目的に購入する企業に対して供給する流通業者である。小売業者とは消費者に商品を提供する流通業者をいう。消費者とは、主に小売業者から商品を購入し、価値を最終的に消費する者をいう。

　卸売業者と小売業者と呼ばれる流通業者が存在する理由はどこにあるのであろうか。そのことを理解するには流通という経済機能を理解する必要がある。

流通が正常に機能するには、経済活動の発展によって生じる生産と消費の分離（ギャップ）を埋め、生産と消費を繋ぐ必要がある。生産と消費の間には、所有権の懸隔、場所の懸隔、時間の懸隔、情報の懸隔の４つがある。

(1) 所有権の懸隔

所有権の懸隔とは、分業によって商品の製造業者と消費者が異なることによって生じるギャップである。所有権とはモノを自由に販売したり、消費・使用する権利のことを意味し、所有権の最初の保持者は製造業者にある。消費者は所有権を得ることによって自身の権利を行使することが可能となる。モノの権利を行使するには所有権を必要とすることから、生産された時点で所有権を有する製造業者と、所有権を得てそれを消費したいと考える消費者を結びつける（商う）必要がある。また、製造業者と消費者の相互の探索と所有権の移転交渉が困難である場合、所有権の円滑な流通が困難となる。

(2) 場所の懸隔

場所の懸隔とは、生産物が生産される場所と、消費される場所が異なることにって生じるギャップである。生産は農産物であれば風土に合わせ生産され、商品であれば原材料の入手や生産環境が有利に働く場所によって生産されることから、自身の生産にとって効率的な土地において集中的に行われる。消費もまた貨幣獲得の機会の多い他の生産地や都市に集中する傾向があるが、消費は生産と性格的に異なり多様な商品を消費する傾向にあることから、生産と消費の場所は殆ど多くの場合に必然的に離れることになる。生産と消費を繋ぐ地理的に繋ぐ技術がない場合、場所の懸隔が円滑な流通の妨げとなる。

(3) 時間の懸隔

時間的懸隔とは、生産された時点と消費される時点に生じる時間的なギャップである。商品はその性質から価値が劣化するのに時間的な猶予があるが、一方で農業生産物の場合においては工業生産物と比較すると

価値の劣化は急速であるし、生産量を安定化させることは困難である。現代のように、取引が円滑に行われなかったり、また物流技術や保存技術が十分に進化していない場合、時間の懸隔が円滑な流通の妨げとなる。

(4) 情報の懸隔

情報の懸隔は、製造業者は消費者についての情報をもっておらず、逆に消費者も製造業者についての情報をもっていないことから生じるギャップである。つまり、生産サイドは無数の消費者がどのような選好をもっているかなどの情報を有しておらず、消費サイドも製造業者がどのように商品を生産しているかなどの情報を有していない。この情報のギャップを埋めることができない場合、情報の懸隔が円滑な流通の妨げとなる。

この4つの懸隔を埋める活動を担っているのが、流通業者である。流通業者はこれら4つの懸隔を埋めるために生産と消費を繋ぐ具体的な活動となる流通フローという活動を行っている。流通フローは、商流（商的流通）・物流（物的流通）・情報流（情報的流通）と、これらを補助する資金流（補助的流通）から構成されている。商流は商品の所有権の移転の役割を担い、物流は商品の移転の役割を担い、情報流は情報の移転の役割を担うことで生産と消費の懸隔が繋がる。また資金流は円滑に流通フローが循環することを補助的に支援する役割を担うことによって他の流通フローを支援し、流通活動を活発化させる。流通フローには、各々に流通機能が付随している。流通機能には、①商流を有効に作用させる需給結合機能：流通業者が売買取引を通じて所有権の円滑な移転と、製造業者と消費者の価値の懸隔を埋めることを支援する機能である。②物流を有効に作用させる物流機能：流通業者が輸送技術・保管技術を用いて、財の円滑な移転を支援する機能である。③情報流を有効にさせる情報伝達機能：流通がさまざまなデータを収集・蓄積することで、情報の移転を支援する機能である。④資金流を有効に作用させる補助的機能：流通が所有権の移転と物的な移転によって生じるさまざまなリスクを金融や危険負担といった方法で補助的に支援する機能である。これら流通業者によって流通機能が作用することで生産

と消費の懸隔は架橋される。

　そもそも、流通業者はなぜ存在するのであろうか。流通業者を介在せず、製造業者から直接的に商品を入手するほうが安価で消費者にとっては有益かもしれない。しかし、現実社会において流通業者は長期に渡り且つ今日においても大きな役割を果たしている。流通業者が存在する意味は、流通業者が存在することで社会的に有用であることに他ならない。

　一般的に多くの商品の流通は、製造業者－消費者という直接流通ではなく、製造業者－流通業者－消費者という流通業者を介在した間接流通が選択されている。これは、流通業者を介在することによって、本来的に製造業者と消費者が直接流通で負担しなければいけない流通にかかるコスト（流通コスト）を、流通業者が専門的に担うことで流通コストを社会的に削減することを可能にしているからである。その理由について、以下のような根拠が示される。

(1) 取引総数単純化の原理

　この原理は、流通業者に売買集中がなされることで取引数が減少し、取引毎に伴う流通コストを社会的に削減できることを言及しているものである。例えば、市場に各々別個の商品を生産する製造業者が5人、それら商品を全て欲する消費者が5人いると仮定する。この場合、製造業者と消費者が直接取引を行った場合、取引は製造業者5人×消費者5人＝25回が行われることになる。一方で、流通業者を介在して間接取引が行われる場合、製造業者5人が流通者に商品が販売され、また流通業者が消費者5人に商品を販売することで10回の取引が行われる。流通業者を介在した取引の方が直接取引よりも取引回数を減少させ、社会全体の流通コストを削減することが可能となる。ただし、流通業者数が増えることによって流通コストは増加する場合があることに注意したい。

(2) 集中在庫の原理（不確実性プールの原理）

　この原理は、流通業者が商品を集中的に貯蔵することで、在庫という流

通コストが社会的に削減されることについて言及するものである。製造業者および流通業者も自身が所有権を有する商品が売れ残ったり、逆に過剰に売れることで在庫が足らなくなることによる販売機会の喪失に危機感を有している。流通業者は自身を分化（卸売機関の創出）し商品を集中的に在庫することでこれらのリスクを回避することが可能となり、流通コストも削減される。

(3) 情報縮約・整合の原理

この原理は、製造業者と消費者間にある取引に関する情報を流通業者（商業者）に集中させることで流通コストが社会的に削減されることについて言及するものである。直接取引においては、製造業者と消費者は相互に情報をもちえないことから、取引相手や商品などの探索困難性、価格交渉の困難性、物的移転の困難性などに起因する流通コストが生じる。これらの流通コストは流通業者が介在することで情報が縮約・整合されることによって削減することが可能となる。流通業者の基本的な活動は多くの製造業者から商品を買い集めるという品揃え形成活動にある。品揃え形成活動は流通業者が再販売を目的に多くの製造業者から商品を買い集める活動であるが、商品の売買に付随して情報も流通業者に集中（縮約）される。その品揃え形成活動によって集められた情報は、流通業者によって販売活動を通じて収集された消費者の需要情報と調整（整合）される。また、流通業者に売買が集中することで情報を収集することができ、その情報を基盤にして保管施設などの物流技術をも蓄積されることになり、流通業者への更なる売買集中を加速させ、その範囲はより拡大され、流通コストは削減される。

このような理由から流通業者が社会的に存在する根拠は理解できたであろう。ただし、一方で流通業者の存在は、製造業者にとってプラスにもマイナスにも作用する。製造業者が展開するマーケティング・チャネル戦略の最大の目標は、価格の維持とブランドの維持にある。それは、流通業者を利用する場合、

製造業者は流通業者から金銭を受取る代わりに、流通業者に商品と所有権を譲渡することになるからである。このことは、マーケティングにとって重要な課題となる価格の維持とそれに伴うブランド・イメージの維持を危険に晒すことを意味する。なぜならば、製造業者が商取引を通じて所有権を譲渡し流通業者に販売を委ねることは、低価格販売とそれに伴うブランド・イメージの低下を引き起こす可能性があるからである。しかし、製造業者は自身の商品を販売することは資本的な問題で困難な場合が多い。では、製造業者はどのように流通業者の低価格販売に対抗することができるのであろうか。

この問題については、次節マーケティング・チャネル戦略と併せて考察をしていく。

第2節　マーケティング・チャネル戦略
―チャネル設計・チャネル管理・垂直的マーケティング・システム（VMS）―

マーケティング・チャネル戦略は、大きくチャネル設計とチャネル管理に分けることができる。チャネル設計とは、自己の商品の販売出口となる流通業者（販売業者）の消費者に至るまでの長さに基づく基準（長短基準）、自己の商品を取り扱う流通業者の数に基づく基準（広狭基準）、自己の商品に対する販売努力に基づく流通業者の選別（開閉基準）に基づく基準によって設計の基礎が提供される。

第1に、自己の商品の販売出口となる流通業者の消費者に至るまでの長さに基づく基準とは、生産から消費に至るまでのチャネル内における流通業者の段階数によって示される。典型的なものとして以下のものが挙げられる。

○製造業者→消費者
○製造業者→小売業者→消費者
○製造業者→卸売業者→小売業者→消費者
○製造業者→卸売業者→卸売業者→小売業者→消費者
○製造業者→卸売業者→…卸売業者→小売業者→消費者

短いチャネルになるほど、製造業者は流通業者から価格の維持とブランド・イメージの維持を確保することが可能となる。しかし、一方で製造業者にとって、製造業者自身で店舗を有し販売したりすることは在庫リスクを生じ、また特定の流通業者に商品への特別な販売努力を提供させるためになんらかの報酬を支払うといったコストの増大を招く。

第2に、自己の商品を取り扱う流通業者の数に基づく基準とは、商品を取り扱う流通業者の数を広くまたは狭く選択するかによって示される。なんらかの基準を設けずに商品を取り扱う流通業者の数を広く設定した場合、価格の維持とブランド・イメージの維持は危険に晒されるが、商品は多くの流通業者に品揃えされることになり消費者に販売されるチャンスは増大する。一方で、なんらかの基準を設けて商品を取り扱う流通業者を狭く設定した場合、価格の維持とブランド・イメージの維持は可能となるが、商品は少数の流通業者に品揃えされることになり消費者に販売されるチャンスは減少する。

第3に、己の商品に対する販売努力に基づく流通業者の選別に基づく基準とは、商品を扱う流通業者に対し、自身の商品にのみ販売努力かたむけることを確保するか否かに基づく基準である。自身の商品と競合他社の商品が同様の販売努力が向けられる開かれたチャネル、競合他社の商品の取り扱いを行わず自身の商品に対してのみに販売努力を確保する閉じられたチャネルに分類することができる。閉じられたチャネルの場合、自身の商品のみに対し販売努力を確保することから価格の維持とブランド・イメージの維持が可能となるが、一方でこれらの成果を得る対価としてコストが増加する。

以上のことから、製造業者は自身の扱う商品の特性に合わせてチャネル設計を行う必要がある。さまざまな組み合わせを想定することができるが、現実的なチャネルとして、開放的チャネル（長・広・開）、選択的チャネル（短・狭・開）、排他的チャネル（短・狭・閉）を挙げることができる。開放的チャネルは、自身の商品を取り扱う流通業者に対しなんら基準を設けず自由に取引させることから、製造業者の流通業者に対する価格の維持とブランド・イメージの維持の協力は欠けるものの、多くの流通業者に自身の商品を取り扱わせることから販

売の機会は増大する。選択的チャネルでは、自身の商品を取り扱う流通業者に対し一定の基準に照らして選別するが、流通業者は競争他社の商品を販売することが認められていることから製造業者の価格の維持とブランド・イメージの維持への協力はある程度確保される。排他的チャネルでは、自身の商品を取り扱う流通業者に対し厳格な基準を設け選定することから、製造業者による価格の維持とブランド・イメージの確保への協力はほぼ達成される。但し、排他的チャネルでは、製造業者のマーケティングに全面的に協力する代わりに、流通業者に対し一定地域内における独占的販売権の付与をするなどの保護を与える必要（マーケティング・コストの増加）が生じる。

　製造業者は、自身のマーケティングを消費者に効率よく到達させるためにはチャネルの管理が不可欠となる。なぜならば、製造業者の意図と流通業者の意図は大きく異なるからである。つまり、製造業者の活動であるマーケティング（価格の維持とブランド・イメージの維持）と、流通業者の活動であるマーチャンダイジング（品揃え活動）が対立するからである。製造業者は自身の利益を獲得するために自身のマーケティング活動に流通業者に協力させたいと願い、一方で流通業者は多くの製造業者から商品を買い集めることによって自身の利益を上げたいと考えるのである。つまり、製造業者と流通業者は常に協力関係にあるわけではなく、対立関係になる場面が多く生じる。

　製造業者と流通業者の取引において対立が生じることから、製造業者は自身のマーケティングに流通業者に協力させるチャネル管理が必要となる。チャネル管理が有効に作用するかは、製造業者が有する流通業者に対するパワー資源に依存する。パワー資源とは、報酬、制裁、専門性、一体性、正当性の5つの類型がある。報酬のパワー資源とは、製造業者が流通業者に対して自身の商品に対し優先的な販売努力を促すリベートを与えることができることをいう。制裁のパワー資源とは、製造業者のマーケティングに協力しない流通業者に対して、対抗措置（取引を停止または縮小）を採ることが可能であることをいう。専門性のパワー資源とは、製造業者が商品に対する専門知識を有している場合、流通業者はその情報を必要とすることから協力をせざるを得ないことをいう。一体性

のパワー資源とは、製造業者が消費者から強い支持を受けている場合には流通業者はその支持による恩恵を享受することを期待し製造業者のマーケティングに協力をすることをいう。正当性のパワー資源とは、チャネルにおいて一番規模の大きい者（多くの場合は製造業者であり、チャネル・キャプテンという）がリーダーシップを執ることが当然であるという認識が流通業者で共有されている場合には、チャネル・キャプテンの戦略に従うことは当然であることをいう。

　以上のチャネル設計及びチャネル管理を前提に、実際に製造業者が流通業者をコントロールし、自身のマーケティングによる成果の達成を図ろうとする場合、垂直的マーケティング・システム（Vertical Marketing System以下、VMSと略記）が採用される。VMSとは、製造業者のマーケティング戦略の下、流通業者を含んだマーケティング・チャネルをシステム化する一連の行為である。

図6-1　垂直的マーケティング・システムのイメージ

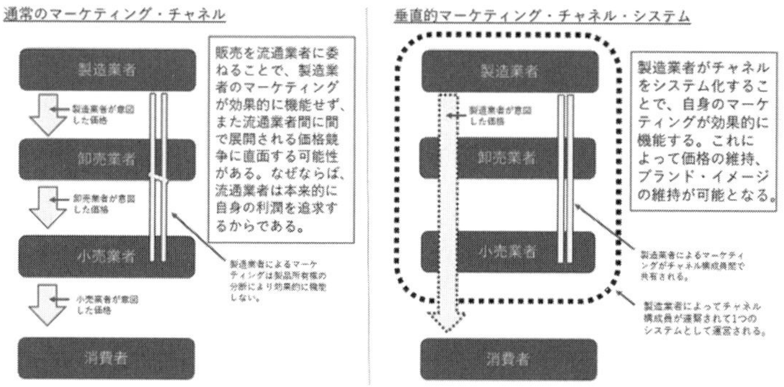

出所：筆者作成。

　VMSは統合度と統合形態によって①企業型VMS、②契約型VMS、③管理型VMS、の3形態に分類することができる。①企業型VMSとは、システム内のパワーを有する特定のメンバーが、所有権を流通段階メンバー間において縦に統合し利益を追求するものである。企業型VMSでは単一資本による内部組織と同様に運営される。企業型システムはシステム構築・維持に多大なコストが

かかる一方で、大幅に取引コストを削減することができる特徴を有する。②契約型VMSは特定のメンバーと他のメンバーが契約によって縦の関係を結ぶことで、システム内におけるパワーを背景にしてチャネルのリーダーシップを採り、システム全体の利益を追求するシステムである。フランチャイズ・システムや卸売業者が主催しチェーン・ストアと同様の成果を志向するボランタリー・チェーンなどが契約型VMSに該当する。契約型VMSは、契約を背景にして他の資本と結びつくことで資本的結びつきと類似した効果を創出できる一方で、契約は特定期間内においてのみ有効であり、何らかの理由で相手方から契約を反故にされる可能性等のリスクが内包されている。③管理型VMSとは、生産・流通段階にいる1メンバーがチャネルにおけるパワーを背景にシステム内のリーダーシップを採ることでシステム全体の目標を達成するものである。

　流通業者は製造業者と比較するとどうしても資本的に小さいことが多かったことから、製造業者がチャネル・リーダーとなることが多かった。トヨタ自動車のディーラー・システムや松下電器産業のパナショップなどのように、製造業者が中小流通業者に対して諸々のパワーを発揮し、システム化することでVMSを構築することで、大きなマーケティング成果を挙げてきた。しかし、1980年代以降において独占禁止法の運用強化によって製造業者のこのようなチャネル管理が効果的に運営できなくなってきたこと、またGMSやディスカウント・ストアの急激な成長、2000年代に入ってからのeコマースの拡大などのチャネル・パワーの流通業者への大幅な移転傾向から、かつてほどVMSは有効な手段として成り立たなくなってきている。

第3節　流通系列化

　VMSは前節で述べたように、独占禁止法の運用強化や流通環境の変化によって今日有効な手段として成立しなくなっている。しかし、それはVMSが社会的にみて非効率的な活動であることを意味しない。むしろその逆であり、VMSはマーケティングを大きく向上させる（競争を活発化させる）側面を有し

ている。寡占化の進む市場の中で有力な製造業者がVMSを行うことで価格の維持（製造業者が流通業者に対し再販売価格を拘束することで流通業者間の競争を制限する）とブランド・イメージの維持（再販売価格維持行為をすることで製品差別化が強化され、独占市場を形成することになり市場支配力の強化に繋がる）が過度に行われ、価格が硬直化を招くVMSは競争政策上好ましくないと我が国においては1990年代に評価された。しかし、近年ではディスカウント・ストアや巨大流通業者の出現によってチャネル・キャプテンの立場にあった製造業者の地位は凋落し、流通業者サイドにその地位はシフトし、流通環境は激変した。また、米国やEUにおいてVMSに対する評価が変更され一部ではあるが競争政策上の取り扱いが緩和されたことを受けて、我が国の流通のルールとなる独占禁止法の運用を示す「流通・取引慣行に関する独占禁止法上の指針（平成29年）」においてもVMSに対する規制は徐々にではあるが緩和傾向がみられ、今後VMSの門戸は開放される可能性がある。

　我が国において独占禁止法の運用が強化される以前の1990年代以前において、VMSは流通系列化という形で広く展開され大きな成果を収めていた。流通系列化は、1．再販売価格維持行為、2．一店一帳合制、3．テリトリー制限、4．専売店制、5．店会制、6．委託販売制、7．払込制、8．リベート、といった行為類型をあげることができる。

1．再販売価格維持行為

　再販売価格維持行為とは、製造業者が流通業者の販売価格を拘束し、流通業者間の商品の価格競争を完全に消滅させることをいい、同行為によって価格の維持とブランドの維持が達成されるのである。つまり、流通系列化の最大の目的である。製造業者が流通業者に対し価格の制限を加えることから、垂直的価格制限とも言われている。流通系列化の最大の目的は価格の維持を通じて、ブランドの維持にあることから、再販売価格維持行為は最も直接的な行為といえる。流通業者は価格の維持に協力するかわりに対価を求める。そのため、流通系列化の目的である再販売価格維持行為を達成するため手段としてその他の行

為類型の組み合わせが行われる。また、その他の行為類型は再販売価格維持行為が規制されたことから、同行為と同様の成果を生み出すことまたはそれを支援することを期待された垂直的制限行為といえる。

2. 一店一帳合制

一店一帳合制とは、製造業者が流通業者に対して販売先を特定しそれ以外の販売先と取引を制限する制度である。同制限は流通業者を完全にコントロールすることから再販売核維持行為と同じ効果を得ることができる。具体的な手段として、特定の顧客に対する販売制限、製造業者が承認しない販売業者への販売制限、特定の顧客層への販売制限、売込み禁止期間（大量購入者に対し一定期間の販売を行わせない）などがある。

3. テリトリー制限

テリトリー制限とは、製造業者が流通業者に割当てた一定の地域内においてのみ販売を義務付けるものである。販売地域内における商品の独占的販売権を手に入れる流通業者は、製造業者の価格の維持およびブランドの維持に協力をする。具体的な方法としては、クローズド・テリトリー制限（販売地域を限定し、当該地域のみの販売しか認めないもの）、オープン・テリトリー制限（販売地域を限定するが、当該地域内には複数の流通業者が存在する）、ロケーション制限（営業拠点の設置を一定の地域内に制限するもの）等がある。

4. 専売店制

専売制とは、製造業者が再販売価格を維持するために流通網を把握するとともに、製造業者の商品への専門的な知識を有する流通業者を養成するために採用される。また、これはこの目的を達成するために他の製造業者の取り扱いを制限することとなる。これはテリトリー制限と合わせて行われる（流通業者に一定地域を付与する代わりに、自身の商品のみを取り扱わせる）。

5.店会制

製造業者が、自身の商品を扱う流通業者に対し横断的な組織を用意し、流通業者間に所属意識を醸成させ、再販売価格維持行為およびその他の行為を行うことを容易にするために行われる。

6. 委託販売制

委託販売制とは、製造業者に所有権を留保し、流通業者に対し商品の売れ残りや滅失といったリスクを負担させないものである。これは他の行為類型と複合的に合わせて実施され、再販売価格の維持に流通業者を協力させるために行われる。

7. 払込制

払込制とは、製造業者の商品の販売代金を回収する際に、流通業者から売買差益の全部または一部を徴収し、一定期間補完し、当該流通業者に払い戻すものである。これは流通業者に対する廉売対策として作用する。

8. リベート

リベートとは、製造業者が流通業者に対して一定期間や一定の取引量に応じて支払われる代金の割り戻しであるが、一概に流通系列化の類型と言えるものではない。ただし、高額または過度なリベートとなる場合、それは再販売価格の維持を目的として行われると判断される場合がある。

参考文献
石井淳蔵『流通におけるパワーと対立』千倉書房、1983年。
石原武政「流通系列化の視角と方向」『季刊 消費と流通』Vol.4, No.4, 1983年。
江尻弘『流通論』中央経済社、1979年。
江尻弘『流通系列化』中央経済社、1983年。
川越憲治・田島義博・野田實・河村穣・根岸哲。松下満雄・中村雄一「流通系列化対策の解説」『別冊商事法務』商事法務研究所、1980年。
近藤文男・中野安編著『流通構造とマーケティング・チャネル』ミネルヴァ書房、1980年。
中野安『価格政策と小売商業』ミネルヴァ書房、1975年。

第7章　販売促進戦略

第1節　マスメディアによる広告

　マーケティングの最も特徴的な活動はマス媒体を活用した全国に広がる消費者に向けての力強い広告である。ではなぜ、そのような活動を行うのであろうか。今日ではマーケティングに対する歴史的な隔たりが存在するので、それを適切に修正し説明する。マーケティングを活用する必要性は、自社商品を競合商品と明確に差別化することが困難な点にある。逆に言えば、商品そのものが差別化されているならば、それが競争優位性の源泉となり、マス媒体を利用した広告活動は不必要になる。又は、競合各社の差別化がそれぞれ明確であるならば、一定の均衡点において、棲み分けされた市場を形成することになる。海外高級アパレル・ブランド商品が分かりやすい事例だ。マーケティングは特に、商標に代表されるブランドを軸として商品の差別化が図られる。全国の消費者に向けて、商品の品質が優れていることをブランドを介して認知させる。消費者は商品を購入するという事実はあるものの、その内実はブランドを購入していることに他ならず、そうなるように仕向けるのがマーケティングの根源的な目的である。商品のイメージに適合するようなタレントを広告に起用することによって、商品そのものが優れていることを消費者に訴えかけるのもそのためである。商品は物質的なものであり、その効用は数量的に把握される部分が多かったとしても、商品の設計過程で得られたデータを客観的な証拠として直接消費者に訴えかけようとはしない。マーケティングの本質がイメージの伝達であり、且つ、そのイメージを可能な限り高めようとする活動であるため、より

抽象的な表現に止めようとする[1]。広告費用の負担だけでなく、広告活動以前に全国に行き渡らせるだけの商品の製造が必要であり、それらの流通を円滑にするための最適な流通経路の確保も求められる。新商品の市場への導入には多大な費用とリスクが発生する。

今日的市場環境にあって、商品の競合は、資本規模等が拮抗する企業間だけに起きるわけではない。生産技術の飛躍的な革新は、寡占的製造企業が製造する全国的な知名度を持つナショナル・ブランド商品と対抗出来うる商品を、中小製造企業にも製造する機会をもたらした。現代的な広告活動は、寡占的製造企業がそのような中小製造企業の商品を駆逐するための手段ともなっている。

第2節　チラシとウェブページによる広告

商品の宣伝手段としてのチラシ広告は消費者に直接訴えかけるものである。それに対して、テレビを媒体とする広告活動は映像や音楽の効果等により、イメージを伝達する手段として格段に優れている。新聞という媒体はチラシに接近する物質的側面はあるが、静止する平面の中から何らかのメッセージを発信しようとするものである。

チラシは経験的にも理解されるように、低価格を消費者に訴えかける内容になっている。また、チラシの配布対象は比較的狭い地域であり、消費者の購買圏内である場合が多い。チラシは消費者を直接奪うための手段である。よって、寡占的製造企業は自らがそれを行うことはなく、商業者、特に店舗レベルにおいて活用される。チラシ広告の効果は低価格を訴求力とするものであり、それは競合他店でも同じ商品が販売されているという事実がある。消費者にとっては、全く同じ商品が購買圏内にあるからこそ、購買意思決定の基準が価格に置かれるのである。例えば、A店とB店それぞれで品揃えされた商品が全く異なった状態であれば店舗間の低価格競争は生じない。

---

[1] 岩永忠康「製品差別化におけるブランド−マーケティングにおけるブランドの役割−」『熊本短大論集』第31巻 第3号、1981年、164–165頁。

自社ウェブページは、今日かなり多くの企業が活用している。何かのきっかけで消費者が商品の存在を知ったとしても、その詳細を伝える手段がなければ販売可能性は低下する。小売店舗レベルでの営業活動のサポート的役割を果たすことが期待される。さまざまな点からウェブページは必要な時代と言えよう。ただし、膨大な数のウェブページが存在するので、消費者の関心を引き付けるための工夫が常に求められる。検索結果画面の上位に表示されるようにすることも必要であるが、ウェブ作成会社の芸術的要素が多く含まれた技術的側面にも大きく依存する。デフレーション経済下の今日、経済合理性に従った企業取引が拡大し、日本型であった関係性重視型取引から移行する動きがみられる。中小製造企業は商品に関する詳細な情報をウェブページに掲載することによって直接的な販売促進が可能となる。

第3節　パブリシティ

パブリシティとは自社の活動を新聞やテレビで取り上げてもらうことであり、無償の広告であるといえる[2]。公平性が保たれているという認識が消費者になされる傾向があり、例えば、評判の良い店舗として取り上げられたならば来客数が急増する。但し、自社にとって好ましくない報道がなされることもある。これを有効に活用するためにはそれなりの仕組み作りが必要となる。取材を受けやすい材料を作るため、革新的な製品を開発することはその1つであるが、その頻度は非常に低くなる。頻繁に取り上げてもらうということが大切となる。

その最も有効な方法の1つに産学連携がある。大学等の教育機関における市場の激化もますます激しさを増す中で、地域への貢献活動を積極的に広報材料にしようとする傾向が強まっている。そのような機関は報道機関との何らかの

---

2) 近年では金銭を支払ってメディアに取り上げてもらう paid publicity も増えている。例えば、テレビ局が飲食店等に金銭的な見返りと引き換えに取材を持ち掛ける場合がこれにあたる。2012年に価格比較サイト大手のカカクコムが運営する人気グルメサイト「食べログ」が、金銭を受け取った「やらせ業者」によって口コミが操作された事件も paid publicity といえる。

つながりをもつものであり、取材等を受ける可能性が高まる。産業内連携であるが、何らかのイベントへの参加や複数の企業が協力して企画するイベントが有効となる。個としての活動ではなく、集合体としての活動はその社会性が取材の対象となるからである。

第4節　人的販売

　寡占的製造企業であれ、中小企業であれ、人的販売による効果は最も強力である。しかし、それは同時に費用的負担を増加させる。特に、マス媒体を積極的に活用出来ない中小製造企業にとって、人的販売は最も重要な手段となる。マンツーマンでの対応は多くの消費者、得意先を対象にすることは困難であるが、丁寧に商品の情報を伝達することは出来る。

　本章では人的販売の具体的諸活動を示すことはしない。それはサービス・マーケティング又は実務書に譲るべきであり、人的販売を支える骨格を理解することに止める。人的販売を力強く支えるシステムは直接販売または閉鎖的チャネルである。直接販売は自らが直接販売する方法であり、訪問販売や製造企業が販売店を設置する場合がある。取引相手先が消費者ではなく企業の場合、産業財であれば購入単位が大きくなるため直接販売が頻繁にみられる。それに対して、消費財は商業者を介しての間接販売となる。製造企業が直接的に販売店を設置するための投資と販売に熟練した従業員の獲得や教育などの問題も加わる。更に、消費者にとって魅力ある小売店舗にするために豊富な品揃えが必要となるため、基本的に他社商品も取り扱わなくてはならないジレンマに直面する。直接販売でなくとも、力強い人的販売を行うことを製造企業が望むならば、消費財の場合、卸売業者又は小売業者を限定的に選択して商品の販売管理を確実に行えるようにする。最終的な販売活動を直接管理することは出来ないので、次節で述べる様々な支援活動と合わせて間接的に管理する。取引相手先にとって、消費者への訴求力が強く、高品質・高価格・高利益率で、且つ、低価格競争に巻き込まれない商品であることが重要となる。

製造企業と商業者は異なった論理で発展する。共通する点は商品の販売量が増加することである。しかし、製造企業にとって利益となる商品は自らが生産したものでなくてはならず、より多くの利益を得るために大量生産すれば、消費者は至る所でその商品をみかける。商品の認知度を高めるという点において、大量生産は優れたシステムであるが、競合する小売店舗間における差別化が価格に集中するため、低価格競争に巻き込まれる可能性が高くなる。利益の増加を目論む大量生産が、低価格競争による利益率の低下という矛盾する問題を生じさせる。そのための究極的な政策が系列化政策であり、これは製造企業と商業者の目的が一致する特殊な関係である。系列化の関係は、系列化された商業者があたかも製造企業が経営する販売店であるかのように行動するため、商業者が製造企業に完全な支配を受けているかのようにみられる。しかし、経済的に自立した商業者は外部的にはそのようにみえる支配従属関係を形成するだけのメリットがあるからこそ、その関係を継続しようとする。その一部を次節にて簡単に説明するが、系列化された商業者は多様な商品、それは競合する商品も豊富に品揃えすることによって消費者への訴求力を強めていた商業本来の姿を放棄することによって、すなわち、集められた商品群による魅力ではなく、限られた商品ではあっても人的販売力を軸に収益を上げていく方向を選択するためである。

人的販売の魅力は消費者とのダイナミックな長期的関係を形成することにある。消費者を顧客に育成するための時間と費用が従業員に十分与えられ、個人の采配によって、顧客との関係を構築できることに職務に対する満足度が得られる。サービス・マーケティングの章において説明される「歓喜」を生み出すための様々な工夫ができる環境が従業員に与えられている。

第5節　狭義の販売促進戦略

岩永忠康氏の見解[3]に従えば、狭義の販売促進戦略は人的販売と広告を補完

---

3) 岩永忠康編『マーケティングの理論と実践』五絃舎、2012年、131–135頁。

する位置付けにある。過去には軽視されていたが、今日的な激化・激変する市場環境にあって、その重要性はますます高まっている[4]。

　狭義の販売促進は大きく分けて3種類ある。社内に対する販売促進は一般社会での認識とは少しズレが生じるかもしれない。特に、人的販売の土台を形成し、強化するためにこの活動の重要性を認識することは大切である。これには5種類あり、社内の部門間の調整活動により円滑な経営活動を遂行する。マーケティング活動は社内の各部門を通して、社外の様々な機関との連携を必要とするものであり、少なくとも社内での一貫した認識の形成が重要となる。販売活動に係わる販売会議は販売部門での統一的な認識を図るために行われる。それを実践活動に移す際の手引書としてセールス・マニュアルがある。販売意欲の喚起や能力の開発等を目的として社内コンテストが開催される。活動の状況報告を社員にするための社内向けハウス・ヴォーガンがある。インターネット社会の発達した今日では、広義の販売促進活動で取り上げたウェブページへの商品情報の詳細な掲示は販売活動の際のサポート的材料となる。

　次に、販売業者に対する販売促進である。販売業者向けの販売促進には5種類あり、ディーラー・コンテストは自社商品に対する販売意欲を高めるための活動である。ディーラー・ヘルプスは販売店に対する様々な販売に係わるサポートである。店頭販売助成はその中でも直接的なサポートとしてのPOP材料、陳列用具の提供等がなされる。アローワンス提供は拡販努力の実績に対する報奨である。条件付帯出荷は出荷を促進するための提供サービスである。

　最後に、商品を購買する最終局面での販売促進は6種類ある。サンプリング、景品付販売、値引、工場見学等の消費者教育、消費者コンテスト、スタンプ等だ。

　狭義の販売促進活動は並立的な位置付けにあるのではない。社内向け販売促進はマーケティング活動の中で全国に向けての広告活動と合わせて、最も効果的な人的販売を強化するための土台となる。会計学上は費用となるものだが、マーケティング的な性格からすれば投資と認識すべきである。販売業者への販

---

[4]　鈴木孝「セールス・プロモーション戦略」宇野政雄編著『最新マーケティング総論』実教出版、1985年、119頁。

売促進活動はチャネルの安定的確保の視点からは重要であるが、それらの活動は費用と認識される。販売業者が利益をより多く獲得出来るような魅力ある商品を開発することが先決であり、そのこと自体が販売業者をより多く引き付け、長期的関係につながるからである。消費者に向けての販売促進活動は我々の認識にあって、可能な限り実施されないものである。販売業者に対する姿勢と同様に、商品そのものの魅力が販売促進機能を担うべきであるからだ。我々が積極的に認識する消費者への販売促進活動は、購入された商品を入れるバッグを魅力あるものにし、それを消費者が持ち歩くことによって、それを見た他の消費者への広告宣伝活動になるような状況を形成することである。代表的な例はアパレル・ブランドの手提げ紙バッグである。

※本章は今光俊介・松井温文「販売促進戦略」今光俊介編著『中小企業のマーケティング』（五絃舎、2016年）を加筆修正したものである。

第8章　ネットコミュニティと消費者間コミュニケーション

第1節　ソーシャルメディアの発展

　1990年代初頭まで、軍関係、高等教育機関、少数の企業の研究機関での利用に限定されてきたインターネットは、1991年にCIX協会（商用インターネット協会）設立によって本格的に商用インターネットが可能になった。また、1990年代半ばから2000年代にかけて、インターネットの普及による情報通信技術が急速に発展し、情報化が進んできた。総務省「情報通信白書」（平成30年版）によると、2017年のインターネット利用率（個人）は80.9％となっており、特に、端末別のインターネット利用率において、「スマートフォン」（59.7％）が最も高く、「パソコン」（52.5％）の利用率を上回っている。

　インターネット利用端末のうち、スマートフォンの普及によって、インターネット利用を介したさまざまなサービスが登場し、多様な用途で利用されている。インターネットで提供される代表的なサービスとしては、ソーシャルメディア、ネットショッピング、情報検索、ニュース閲覧、動画視聴、音楽視聴、地図・ナビゲーション利用、電子書籍、株取引・オンラインバンキング、チケット予約、クラウドサービス利用、ソーシャルゲーム、オンラインゲームがある。特に、ソーシャルメディアの利用率が高まっている。ソーシャルメディア（Social media）とは、インターネットを利用して誰でも手軽に情報を発信し、相互のやりとりができる双方向のメディアである。代表的なものとしては、ブログ、FacebookやTwitterなどのSNS（ソーシャルネットワーキングサービス）、

YouTube やニコニコ動画などの動画共有サイト、LINE などのメッセージングアプリがある。

スマートフォンの普及とともに利用が増加してきたのが SNS である。総務省情報通信政策研究所「情報通信メディアの利用時間と情報行動に関する調査」によると、LINE、Facebook、Twitter などの SNS 利用者の割合は、全体で 2012 年の 41.4% から、2016 年には 71.2% にまで上昇しており、スマートフォンと合わせて SNS の利用が社会に定着している。

第2節　ネットコミュニティの形成

1.　従来のコミュニティ

社会学者のコミュニティ論の中で、最も代表的とされる R.M. マッキーヴァー[1]は、コミュニティという言葉を村とか町、あるいは地方や国とかもっと広い範囲の共同生活のいずれかの領域を目指すのに用いようと思っている。共同生活はその領域の境界が何らかの意味をもついくつかの独自の特徴をもっており、常にある種またある程度の独自な共通の諸特徴（風習、伝統、言葉使いなど）が発達し、これらは、有効な共同生活の標識であり、また結果であると語っている。

一方、社会学者 R.E. パークは、「社会や社会集団を、その社会を構成する諸個人や諸制度を、地理的な分布という視点からみた時、それをコミュニティと呼ぶ」と、コミュニティを社会（society）の対比で、マッキーヴァーとは異なる概念を提唱した。倉沢は、この 2 人の代表的社会学者の異なる 2 つの用語法の間に、重要な類似性があると指摘している[2]。それは地域性と共同性という、コミュニティの基本的特性で、マッキーヴァーの「共同生活の行われている生活空間」と、パークの「社会や社会集団、その社会を構成する諸個人や諸

---

[1] R. M. MacIver, *Community: A Sociological Study; Being an Attempt to Set Out the Nature and Fundamental Laws of Social Life*, Macmillan and Co., Limited, 1917; 3rd ed., 1924（中久郎・松本通晴監訳『コミュニティ』ミネルヴァ書房、1975 年。）
[2] 倉沢進『コミュニティ論』放送大学教育振興会、1998 年、24-25 頁。

制度を、地理的分布という観点からみた時、それがコミュニティ」がそれである。

2. ネットコミュニティ

多くの社会学者により、多義的に議論されてきたコミュニティという用語は、今日、インターネットの普及・発展により生まれたネットコミュニティを異なる観点から議論しなければならない。まず、ネットコミュニティの定義について、Rheingold (1993)[3]は多数の人々が人間的な感情をもってサイバースペース上で、人間関係の網を形成するために持続的にオープンな討論（public discussion）を行う際、出現する社会的集団（social aggregation）であると述べている。また、Fernback & Thompson (1995)[4]は、関心ある主題によって決められる境界や空間において、反復的な接触（repeated contacts）を基盤として、仮想空間で発達した社会的関係（social relationship）であると述べている。

筆者は、本章においてネットコミュニティを、「会員制を基盤にインターネットというサイバースペースにおいて、互いに共感できる主題をもって（共感の輪の形成）、自律的に相互作用する人々の集まり」と定義する。それは、今日のネットコミュニティは、ほとんどが会員制で、ユーザーがネットコミュニティに加入する際、ある程度の個人情報（名前、生年月日、住所、職業、関心深いジャンル、メールアドレスなど）を記入しなければならないからである。そして、もう一つ注目したいのは、「共感の輪の形成」である。これは、ネットコミュニティの生成・育成にあたって一番重要な要素であり、人々のネットコミュニティへの集まりすなわち、ユーザー間の凝集力の基盤になるからである。

(1) ネットコミュニティの類型

Hagel III and Armstrong(1997)[5]は、消費者を対象としたコミュニティを「地

---

[3] Rheingold, H., *The Virtual Community: Homesteading on the Electronic Frontier*, Addison-Wesley, Reading, Mass, 1993.
[4] Fernback, J. & Thompson, B. "Virtual Communities: Abort, Retry, Failure?," *Computer Mediated Communication and the American Collectivity*, 1995, May.
[5] Hagel III and Armstrong, *Net Gain : Expanding Markets Through Virtual*

理的コミュニティ：コミュニティ参加者が物理的な場所を共有していることをきっかけに共通の興味をもつという、「場所」を中心に形成されるもの」、「属性別コミュニティ：男女別または特定のライフ・ステージや民族性などに焦点を絞るもの」、「トピック別コミュニティ：関心のある話題を中心に構成され、趣味・レジャー、政治的、精神的な信条などの関心に応えるコミュニティ」の3つに分類した。また、Armstrong & Hagel Ⅲ（1996）[6]は、個人のニーズに応じる、すなわち構成員のコミュニティへの加入目的と基本的な欲求（needs）に基づいて、ネットコミュニティを「取引のためのコミュニティ（community of transaction）：製品やサービスの売買を促進したりする、商取引に関する情報を配信する機能を担当するコミュニティ」、「趣味のためのコミュニティ（community of interest）：特定の主題に対して深く意見を取り交わす参加者たちが集まったコミュニティ」、「幻想のコミュニティ（community of fantasy）：自分の想像力を発揮して新しい環境や人物、物語などを創造することができるコミュニティとして、楽しさと興味を追い求める快楽的な欲求に基盤としているコミュニティ」、「関係のコミュニティ（community of relationship）：他の人々との緊密な個人間の関係の深い連帯をもたらすコミュニティとして、コミュニティ加入者が、類似した経験をした人々がお互いに相手の個人的な経験に触れることになるコミュニティ」の4つに分類した。

(2) 従来コミュニティとネットコミュニティの相違

ネットコミュニティは、従来のコミュニティと異なるいくつかの相違点がみられる[7]（表9-1）。まず、①コミュニティが成立している基盤からみると、従

Communities, Harvard Business School Press, 1997（マッキンゼー・ジャパンバーチャル・コミュニティー・チーム訳、南場智子日本編執筆・監修『ネットで儲けろ』日経BP社、1997年）、145-148頁。

6) Armstrong, A. and J. Hagel Ⅲ, "The Real Value of On-line Communities," Harvard Business Review, May-June, 1996, pp. 134-141.

7) NTTメディアコープ編『「コミュニティ・マーケティング」が企業を変える！』かんき出版、2004年、6-8頁。

来のコミュニティでは、地縁、血縁など既存の社会的な関係を基盤にしているものが多かったため、コミュニティの地理的な範囲に制限があった。しかし、インターネットを媒介にしているネットコミュニティにおいては、時間的・空間的な制約を受けず、同じ関心や目的をもっている人々の仲間作りが可能となった。すなわち、ネットコミュニティが従来のコミュニティよりはカバーできる社会的空間の領域が大きくなったといえる。次に、②コミュニティのメンバー同士の関係からみれば、従来のコミュニティでは、その関係がかなり緊密な関係である反面、ネットコミュニティでは、メンバー間の関係がより緩やかなものである。また、③コミュニティの内部の構造についてみれば、従来のコミュニティでは、縦型の人間関係が強く支配している一方、ネットコミュニティでは、横型でフラットな人間関係にその特徴がみられる。そして、④従来のコミュニティでは、地縁・学縁・血縁などの条件を前提として形成されているため、コミュニティへの出入りには一定の制約があった。しかし、ネットコミュニティでは、そのコミュニティに属するかどうかは個人の自由意思により決められるため、コミュニティへの出入りが自由である。

表8-1　従来のコミュニティとネットコミュニティの相違点

	従来のコミュニティ	ネットコミュニティ
成立の基盤	地縁・血縁などの既存の社会的な関係	目的や関心を共有する人々との仲間作り
メンバー同士の関係	緊密な関係	緩やかな関係
内部の構造	縦型の人間関係	横型の人間関係
出入り	一定の制約	自由
参加及び運営	強制的・閉鎖的	自律的・開放的

出所：NTTメディアコープ編『「コミュニティ・マーケティング」が企業を変える』かんき出版、2004年、6-8頁に基づいて筆者作成。

社会学において、コミュニティの単位を比較的地理的な問題として認識していることを注目するならば、ネットコミュニティの特徴はインターネットを媒介にする仮想空間として、空間的・時間的な制約を全く受けないことである。

第3節　ネットコミュニティと普及理論

　ネットコミュニティがもたらした大きな変化は、情報の流れの変化による企業と消費者との関係である。これまでは、商品やサービスに関する情報が企業から消費者への一方的な方向に流れてきたが、ネットコミュニティの生成によって、消費者から企業へ、消費者から消費者への情報相互交換が可能になった。つまり、商品やサービスに関する情報の流れが一方的から双方向的へ転換されたのである。特に、消費者間の商品やサービスの情報共有がネットコミュニティ上で活発に行われている。

　消費者間コミュニケーションは、ネットコミュニティの生成以前から、マーケティングにおいて、消費者の購買行動に大きな影響を与えるものとして注目されてきた。特に、新商品の購買に対する消費者間コミュニケーションの影響は、普及理論という形で議論されてきた。

　E.M. ロジャース（1962）によると、個人がイノベーションを採用する際、すべての個人が同時にイノベーションを採用することではなく、個人は時間の経過のなかで、順次採用していくとする。そして、この時間の経過に基づいて個人を採用者カテゴリーに分類することができるとする。ここでは、新しいアイディアを早く採用するものと、遅れて採用するものとの差異に焦点をしぼっている。採用者カテゴリー（adopter categories）は革新性に基づいて、社会体系内の個人を分類することである。次の議論は、採用者分布の正規性、理念型としての採用者カテゴリー、そして採用者カテゴリーの特質を巡って行っている。ロジャースが示した採用曲線では、革新者、初期採用者、前期追随者、後期追随者、遅滞者順に5つの採用者カテゴリーで識別されている（図8-1）。

　革新者は2.5％を占め、彼の主要な価値は投機性である。彼は、危険を進んで受け容れる。初期採用者は13.5％で、仲間から尊敬される。この採用者のカテゴリーは他の各カテゴリーに比べて、ほとんどの社会体系において、最高度にオピニオン・リーダーシップを発揮している。前期追随者は34％で、彼

図8-1 イノベーション採用の時期に基づく採用者のカテゴリー化

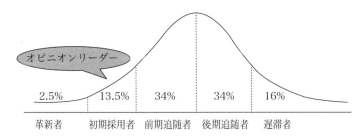

出所：Rogers, E. M., *Diffusion of Innovations*, The Free Press, 1962（藤竹暁訳『技術革新の普及過程』培風館、1966年。）、162頁。

らの採用期間は革新者や初期採用者に比べて、相対的に長い。彼らは社会体系において、平均的メンバーが採用する直前に、新しいアイディアを採用する。この際、彼らは新しいアイディアを完全に採用するに至るまで、慎重に行動するし、他の人々とをリードするということは、ほとんどしない。後期追随者は34％で、彼らは社会体系の平均的メンバーの直後に、新しいアイディアを採用する。この際、彼らは社会体系の半数以上の人々が採用するまで採用しない。つまり、仲間が採用した後で、はじめてイノベーションについての考察をはじめる。遅滞者は16％で、イノベーションを最後に採用する人として、主として、伝統的な価値を保持し、過去を志向している。

　ロジャースは、採用者カテゴリーの特性をパーソナルな特性、コミュニケーション行動、社会関係の3つで要約している。まず、パーソナルな特性をみれば、より早期の採用者はより後期の採用者よりも年齢が若く、社会的地位も高く、富裕な財政状態であり、専門的な経営を行っている。また、より早期の採用者はより後期の採用者とは違ったタイプの知的能力をもっている。そして、コミュニケーション行動からみれば、情報源は採用過程における各段階、イノベーションの特質、採用者カテゴリー、によって変化すると述べている。また、ロジャースは、情報源をいくつかの次元で分類し、各次元でみられる各採用者のカテゴリー間の差を示している。まず、インパーソナルな情報源は、イノベーションのより後期の採用者に比べて、相対的により早期の採用者にとって、パー

ソナルな情報源よりも重要である。そして、広域志向的な情報源は、イノベーションのより後期の採用者に比べて、相対的により早期の採用者にとって、地域志向的な情報源よりも重要である。また、より早期の採用者はより後期の採用者に比べて、新しいアイディアの原点とより頻繁な接触を保っている情報源を利用するし、非常に多数の情報源を利用する傾向が強い。最後に、ロジャースは、採用者カテゴリーを異にすると、社会関係には重要な差異がみられるとする。それは、より早期の採用者はより後期の採用者に比べて、より広域志向的であるということである。また、より早期の採用者はより後期の採用者に比べて、より多くのオピニオン・リーダーシップを発揮するということである[8]。

ネットコミュニティから生まれた「ネット口コミ」は、現物世界における口コミと比べて、消費者間に広げる情報の量、スピード、費用の側面で優位性をもっている。換言すれば、ネットコミュニティという仮想空間は、時間・空間の制約を受けないので、消費者自身の経験や意見を瞬時に他の消費者に伝えることができるのである。それで、企業はネットコミュニティから生まれた「ネット口コミ」の威力に注意を払わなければならない。

第4節　消費者間のコミュニケーション

消費者にとってのネットコミュニティは、商品やサービスについての知識や経験を共有できる重要な「情報源」となる。また、消費者の自主的かつ積極的な参加で作られたネットコミュティは、消費者間の深い信頼感と共感の輪を形成する。

アメリカの心理学者であるA. H. マズロー (1954) は、「人間は自己実現に向かって絶えず成長する」と仮定し、生理的欲求 (physiological needs)、安全欲求 (safety-security needs)、帰属と愛の欲求 (belonging-love needs) これは社会的欲求 (social needs) とも言われる、自尊欲求 (esteem needs)、自己実現欲求 (self-actualization needs) の5つに整理して、人間の欲求を5段階の階

---

8) E. M. Rogers, *Diffusion of Innovations*, The Free Press, 1962（藤竹暁訳『技術革新の普及過程』培風館、1966年）104–131頁。

層で理論化している[9]。

①生理的欲求（physiological needs）：食べたい、飲みたい、寝たいなど、生きていくための基本的・本能的な欲求。

②安全欲求（safety-security needs）：安全・安心な暮らし（安全な環境にいたい、経済的に安定していたい、良い健康状態を維持したいなど）がしたいという欲求。

③社会的欲求（social needs）：家族・集団をつくり、どこかに所属しているという満足感を得たいという欲求。この欲求が満たされない時、人は孤独感や社会的不安を感じやすくなる。

ここまでの欲求は、外的に満たされたいという低次の欲求で、これ以降は内的な心を満たしたいという高次の欲求に変わる。

④自尊欲求（esteem needs）：自分が集団から存在価値を認めてもらいたい、尊敬されたいという欲求。

⑤自己実現欲求（self-actualization needs）：自分の能力や可能性を最大限に引き出し創造的活動がしたいという欲求。

このように、人間はより低次の欲求が満たされるにつれ、より高次の欲求に重点を移していくことを主張した。

マズローの仮説に従えば、今日の消費者間コミュニケーションがインターネット上において活発に行われているネットコミュニティは、情報発信者にとって自尊欲求や自己実現欲求を満たす一つの手段であるといえる。

ネットコミュニティは、企業と消費者両方が商品やサービスに関する情報を提供することができるようになって、それらの情報を企業と消費者間、消費者と消費者間に幅広く共有できるようになった。また、消費者は消費者自身の意思を伝え、主体的に必要とする情報を収集できる手段としてネットコミュニティというツールを用いている。それだけではなく、これまで企業が行ってきたマーケティングのなかでも、製品開発（Product）と販売促進（Promotion）

---

[9] Abraham H. Maslow, *Motivation and personality, second edition*, Harper & Row, 1970（小口忠彦訳『人間性の心理学：モチベーションとパーソナリティ（原著第2版の全訳、改訂新版）』産業能率大学出版部、1987年）。

に大きな影響を与えている。企業はネットコミュニティというツールを通じて、消費者の商品やサービスに関する実際的な経験談に基づいて、既存の商品やサービスを改善し、消費者が望んでいる商品やサービスの開発にもつながっている。また、消費者間のコミュニケーションを通じて、消費者自身が体験した商品やサービスの価値を論じることによって、自然に他の消費者にもそれらを勧誘したり、その商品やサービスの詳細な情報を提供したり、適切なアドバイスをしたりして、他の消費者に購買意欲を呼び起す。このように、ネットコミュニティ上での消費者間のコミュニケーションは、商品やサービスの購買者に及ぼす影響力はますます大きくなっている。

参考文献
安孝淑「ネット・コミュニティとこれからのマーケティング―3つの事例を中心に」『星陵台論集』第38巻第1号、2005年。
安孝淑「ネット・コミュニティの性格とマーケティング行動」『星陵台論集』第39巻第3号、2007年。
安孝淑「韓国のネット・コミュニティに関する一考察―サイワールドのミニホムピィを活用したマーケティング」『日本産業科学学会研究論叢』第11号、2006年。
原田保・三浦俊彦編『eマーケティングの戦略原理：ビジネスモデルのパラダイム革命』有斐閣、2002年。
総務省「情報通信白書」（平成30年版）http://www.soumu.go.jp/johotsusintokei/whitepaper/ja/h30/html/nd252120.html（2018年11月1日アクセス）
総務省「通信利用動向調査」（平成28年）http://www.soumu.go.jp/johotsusintokei/statistics/statistics05.html（2018年11月1日アクセス）

第 II 部

マーケティングの新展開

第9章　リテール・マーケティング

第1節　リテール・マーケティングとは

　リテール・マーケティングとは、小売企業におけるマーケティング活動のことであり、その活動内容はさまざまである。仕入れ・販売、在庫管理、宣伝広告といった商品の販売や管理に関わる内容の他、接客技術まで含まれる。
　以下、それぞれについて説明する。
　仕入れ・販売は、リテール・マーケティングの中で、最も重要な内容である。流通経路（流通チャネル）を、製造企業（maker, 生産者）→卸売企業（wholesaler, 卸売業者）→小売企業（retailer, 小売業者）→消費者（consumer）として考えた場合、生産者が製造した商品をどの卸売業者からどの商品をどれだけ購入するかが仕入れのポイントとなる。また、その時期も考慮に入れなければならない。その商品をいかに効率よく販売できるかもこれに大きく左右される。
　在庫管理は、商品管理に深く関連する。小売業は基本的に定期発注をするわけだが、商品の種類や特性によって発注リードタイム[1]を考慮して適正在庫を保つようにする。在庫管理を間違えると品切れによる機会損失や過剰在庫につながる。一般的には、リードタイムは短いほうが望ましいとされている。その理由として主に次の4つのことがいえる。1つめは、顧客の需要動向や競合他社による影響に即座に対応力できる。2つめは、在庫数量を安定（適正在庫）させることができる。3つめは、倉庫や保管のための品質管理費といった在庫管理に関わるコストが抑えられる。4つめは、キャッシュフローがよくなる。

---

1) 発注リードタイムとは、商品を注文してから納品するまでの時間をいう。

宣伝広告は、戦略的に策定したメッセージを人々に伝えることであり、その中心手段として「広告活動」「PR 活動（パブリック・リレーションズ）」「人的販売」「セールス・プロモーション」がとられ、マーケティングではこれらの組み合わせや利用方法が重要となる[2]。小売店が使う広告宣伝媒体としては、テレビ、ラジオ、新聞、折込広告、インターネット、雑誌、ダイレクトメール、フリーペーパー、モバイルサイト、店頭の看板、POP 広告などがある。

接客技術は、消費者に対する挨拶、ニーズや課題の発見と解決策の提案、商品陳列、商品知識の学習などが関係する。更には、消費者が求める商品情報、クレーム対応なども関係する。

以上、マーケティング活動のそれぞれの内容が効果的に機能・連動しながら売れる仕組みを構築することが必要となる。

第 2 節　企業再編による戦略的狙いと効果

近年、企業再編が頻繁に行われている。企業再編には、M&A（Mergers and Acquisitions）[3] とアライアンス（alliance）[4] があり、事業の拡大や多角化を図るうえで効果的な手段である。企業再編のメリットには、共同仕入・共同広告といったコスト削減などがある。

これまで小売業は、戦後から店舗拡大とチェーン化による店舗数増大を急速に増大してきた。なかでも、代表的なのはスーパーマーケットとコンビニエン

---

[2] これら 4 つのメディアは「プロモーション・ミックス」と総称される。「プロモーション・ミックス」について、石井・栗木・嶋口・余田は「この作業には、メッセージの策定に勝るとも劣らない、高度な戦略性と創造性が必要となる。」と述べている。（石井淳蔵・栗木契・嶋口充輝・余田拓郎『ゼミナール マーケティング入門』日本経済新聞出版社、2013 年、107 頁）

[3] M＆A は、他社と自社、もしくは他社の事業部と自社の事業部が統合することである。それにより、自社に持ち合わせていない商品、人材、ノウハウ、流通チャネル、などを短期間に手に入れることが可能となる。

[4] アライアンスは、共通の目的をもつ対等な関係の企業と協力（提携）することである。小売企業間のアライアンスでは「グループ化」という表現が使われることも多い。

ススストアである。スーパーマーケットに関しては、従来の食品スーパーの形態から衣料品や住居関連品などを扱う総合スーパーへと移行した。しかしながら、こうした企業規模の拡大も限界に達したといえる。売場面積の拡大が売上を伴わなくなったのである。特に、衣料部門と住居関連品の売り上げが深刻な伸び悩みとなっていた。筆者の調査によれば、大手スーパーマーケットにおいては、こうした危機感から2008年あたりにはすでにアジア諸国を中心とした海外進出計画、不採算店舗の整理、テナントの見直し、生鮮食料品のネット販売サービス、従来の食料スーパーへの切り替え、などについて検討を始め、順次実行する計画であることがわかった[5]。

　従来の小売業の中心的戦略であった拡大化戦略は、景気が上昇する時代はよかったが、企業単体で所有する資金、技術、取引関係、情報、人材に限りがあることや、アイディアのマンネリ化などの理由もあって、永続的な成長が見込めなくなった。また、企業文化も澱んだものとなりがちであった。こうした小売業界における拡大化の限界がみえはじめた時代に、それにとって代わる戦略が企業再編であった[6]。　グループ化の場合は資金、業務、技術などの幅広い側面での提携が可能となるため、グループメリットやコスト削減といったシナジー効果が期待できる。具体的には、商品の共同開発や共同仕入、更には共同広告や情報共有、新たな顧客の獲得などである。グループ化の特徴として垣岡は、「特定業態内での企業相関の変動についていえば、M&Aや提携による上位集中度がますます高まりつつある。コンビニにしろ、百貨店にしろ、卸にしろ、その事例は数多く、各業態内では上位数社プラスその他という図式へとまとまっていく傾向にある。」と述べた[7]。　つまり、小売企業各社は企業規模に

---

5) イオンは2008年に国内の不採算店舗の整理と中国への新店舗出店強化いう内容を発表した。また、ダイエーに関しては同年に筆者が行った2008年のインタビュー調査の結果、国内店舗の整理を進めていくという内容のコメントを得た。(水野清文「総合スーパー業界の企業文化に関する一考察　－ダイエー、イオン、イトーヨーカ堂の企業文化とその特徴－」『産業経済研究』第10号、2010年、126-129頁)

6) もちろん販売機会があると見込んだ地域ではチェーン化や店舗面積拡大などの従来の拡大化戦略を進めた。

7) 成美堂出版編集部編『最新業界地図2012年版』成美堂出版、2011年、130-131頁。

合わせた商品特性を見出すことで差別化を図る必要があるということである。

第3節　商品開発による差別化

　グループ化戦略を実行したことによる成果は随所にみられる。その中で最も大きな成果をあげるならプライベート・ブランド商品（以下、PB 商品）の浸透であろう。企業間競争が激化する今日において、小売企業にとって、自社独自の商品・サービスを提供しようという取り組みをするわけであるが、その戦略のひとつがブランド戦略である。ブランド戦略には、個別のブランドをつくるパターン、個別のブランドをもとにしてシリーズ化するパターン、複数のブランドをつくるパターン、など企業によって方針はさまざまであるが、ブランドが市場に浸透することによってブランド・ロイヤルティー[8]が生まれ、戦略的効果が発生する。従来はブランド戦略は商品をつくる製造企業が主体となることが多かったが、小売企業側から製造企業側に独自商品の商品開発を依頼することが増えてきた。その背景としては、M&A やアライアンスによってまとまったロット数の注文が可能となり、製造企業との契約が結びやすくなっていることがあげられる。ここで、PB 商品とナショナル・ブランド商品（以下、NB 商品）について説明しておく。

　PB 商品は、特定の小売店でなければ買うことができない小売店オリジナルの取扱商品である。小売店は競合店との商品の差別化や価格の差別化を狙いとする。これに対して、NB 商品は、どの小売店でも販売している商品である。NB 商品が売れるかどうかはメーカーのブランドの知名度や信頼が大きく左右する。また、メーカーの CM などの宣伝効果が大きく出る傾向にある。小売店としては、こうした企業ブランドによる販売効果を期待して仕入れ・販売をする。

---

[8]　ブランド・ロイヤルティーは、「ある消費者が特定のブランドを愛好し、忠誠を誓ったかのように継続的に購入する心理。ブランドロイヤルティーが高まると継続買い、指名買いが増え、企業は独占的な市場を得ることができる。」とされる。（大山秀一『これだけは知っておきたい マーケティングの基本と常識』フォレスト出版、2016 年、巻末）

従来のPB商品は低価格化を重視するあまり品質が落ち、「安かろう、悪かろう」というイメージが浸透してしまっていた。ところが、2000年代後半からはPB商品の浸透が急速に加速した。イオンは2000年3月に新生「トップバリュ」としてリニューアルした際、消費者に「安全・安心」な商品を提供するために客の声を生かしながら衣・食・住のフルラインで商品展開をした。また、セブン＆アイが取り扱うセブンプレミアムも発売当時から高い品質にこだわったことがPB商品のイメージを一新させた。大手小売企業はグループ化により取扱範囲を大幅に拡大したため、ブランドの認知度向上に大きく寄与し、結果、PB商品の品質への信頼を得ることにつながった。そもそも、商品戦略の基本は、大量仕入でバイイングパワーを生かして仕入原価の低減を図り、それを大量販売することにより低価格販売を実現することである。PB商品は小売企業にとって独自商品であるだけでなく、低価格販売を実現できるという魅力がある。

　PB商品の時代変化について表9-1に示しておく。

　また、グループ化による取引範囲の拡大はNB商品以上に宣伝費用を抑えたいPB商品では効果が大きかった。PB商品は、低コストであるため利幅が大きく、そのうえ、独自商品であるため、差別化戦略として効果的である。しかし、すべてにおいてPB商品の取り扱いが有利にはたらくというわけではない。PB商品の浸透は、資金力のある大規模小売企業に有利（取扱商品にもよる）な側面があるものの、メガグループにとっては、個々の企業のオリジナリティがなくなってしまうという問題も生まれてくる。消費者の立場からすれば、グループ内企業ならどこで買い物をしても同じという認識になるという懸念も生まれる。そこで、グループ内企業であっても独自性を保つためには機能的価値の高いプレミアム商品の取り扱いをするなど、価格だけに捉われない要素を採り入れて顧客を誘引することも必要となる。

表 9-1　PB 商品に対する消費者意識の変化

	2007 年以前	2008 年～2009 年	2010 年以降
品　質	■NB 商品と比較するとかなり落ちる。	■NB 商品に近い品質。(PB 商品を重要な位置付けづけと考える企業が多くなったことが理由と考えられる。)	■低価格志向の消費者向けの商品だけでなく、NB 商品にない上級のものが販売されることを目にすることも珍しくない。
価　格	■低価格。(実際、低価格 PB 以外の PB 商品は存在してもその寿命は短い。)	■低価格。 ■プレミアム PB はまだわずかしか存在しない。	■基本的なイメージは低価格。 ■プレミアム PB もかなり販売数を増やしてきている。
浸透度	■消費マインド低迷期(景気後退期)に注目される傾向がある。そのため、一時的な広まりに留まることが多い。ただし、大規模小売店が取り扱う一部商品は高い認知度によりロングセラー商品となる。	■原材料高騰、リーマンショックによる世界的大不況などの影響でブームとなり、急速に認知度が高まった。	■大手小売企業が取り扱う商品については商品(ブランド)と取扱店(またはグループ)が結びつくまでに浸透している。

出所：筆者作成[9]。

　ここで、小売業者としての視点であるリテーラー・マーケティングだけでなく、製造業者と消費者という観点まで拡げて、メリットとデメリットを表 9-2 に整理しておく。

　以上、商品開発による差別化のひとつとして自社の独自ブランドとし PB 商品を取り上げて説明してきた。企業にとってブランド拡張は、マーケティングの可能性や効率性を高めて需要を喚起する。また、小売企業のマーケティングの基本となる商品政策（マーチャンダイジング）[10] を総合的に捉える必要がある。

---

[9] 水野清文「PB 商品の需要拡大が製造企業に与える影響－食品製造企業からみた PB 商品の戦略的効果と NB 商品の需要回復に向けた取り組み－」奈良産業大学（現・奈良学園大学）『奈良産業大学紀要』第 28 集、116 頁、2012 年 12 月。

[10] 製造企業の場合、「製品政策」と呼ばれることが多い。

表9-2 NB商品とPB商品のメリットとデメリット

	製造企業	小売企業	消費者
メリット	■余剰ラインの有効活用。 ■コストの削減。 ■売上の安定。 ■NB商品開発のきっかけ。 ■小売企業との関係強化。 ■買取制度の存在。 ■宣伝広告費が不要。 ■在庫リスクの低減。 ■得意先拡大の可能性。 ■NB商品のロスリーダー回避。	■ブランド・エクイティの向上。 ■低価格販売の実現 ■NB商品よりも高品質な商品の提供が可能となる。 ■粗利益率が高い。 ■販売価格の自由な設定。 ■商品の仕様の変更がしやすい。 ■オリジナル商品の販売を実現できる。 ■製造企業との関係強化。 ■利益コントロールがしやすくなる。 ■仕様・レシピ・製法に関わる情報が得られる。	■割安で購入できる。 ■販売者＝責任者であったほうが信頼できるという考えの消費者からの支持が高い。
デメリット	■余剰ラインと請負数量のバランス。 ■PB商品とNB商品とのバランス。 ■商品特性に関する制約。 ■小売企業の要求する商品との誤差。 ■PB商品の製造要請を断るわけにはいかない。 ■仕様・レシピ・製法に関する情報の開示。 ■NB商品の価値の低下。 ■衛生管理コストの増加。 ■トレーサビリティ・コストの増加。 ■生産アイテムの過剰。 ■利益率の低下。	■買取制度による在庫リスクが高い。 ■商品に対する責任増大。 ■ロット数などの問題。 ■価格を上回る価値が提供されているかという疑問。 ■ロー・コスト・オペレーションの限界。 ■ロット数の条件クリアのためのグループ化の必要性。	■商品の基本性能に支障の出ないレベルで原材料の質を落としている場合がある。 ■NB商品よりも内容量を減らすことで価格を抑えている場合がある。 ■商品の選択肢が狭まる。

出所：筆者作成。

　商品政策について、アメリカ・マーケティング協会（AMA）は、「適正な商品やサービスを、適正な場所で、適正な時期に、適正な数量を、適正な価格で、マーケティングすることに関する諸計画である。」と定義している。実際、商品政策は、流通・小売業界でたいへん重要視される内容である。

参考文献

石井淳蔵・栗木契・嶋口充輝・余田拓郎『ゼミナール マーケティング入門』日本経済新聞出版社、2013 年。

井原久光編著 平野賢哉・菅野洋介・福地宏之『経営学入門キーコンセプト』ミネルヴァ書房、2013 年。

大山秀一『これだけは知っておきたい マーケティングの基本と常識』フォレスト出版、2016 年。

中村博『新製品のマーケティング』中央経済社、2001 年。

水野清文『PB 商品戦略の変遷と展望』晃洋書房、2016 年。

水野清文「総合スーパー業界の企業文化に関する一考察 －ダイエー、イオン、イトーヨーカ堂の企業文化とその特徴－ 」『産業経済研究』第 10 号、2010 年。

水野清文「PB 商品の需要拡大が製造企業に与える影響－食品製造企業からみた PB 商品の戦略的効果と NB 商品の需要回復に向けた取り組み－」奈良産業大学（現・奈良学園大学）『奈良産業大学紀要』第 28 集 2012 年 12 月。

水野清文「食品小売業のグループ化と製販連携」日本企業経営学会機関誌『企業経営研究』第 17 号 2014 年 5 月。

村松潤一『コーポレート・マーケティング－市場創造と企業システムの構築－』同文舘出版、2009 年。

山口正浩監修 田中修一編著『流通マーケティング』同文舘出版、2009 年。

第10章　リレーションシップ・マーケティング

第1節　リレーションシップ・マーケティング論台頭の背景

　リレーションシップ・マーケティングの研究は、1980年代からみられるようになり、わが国においては「関係性」[1]マーケティング概念とともに議論され、それは従来のマーケティング理論のパラダイム・シフトとしても論じられてきている。

　こうしたリレーションシップ・マーケティング論台頭の背景としては、1980年代のアメリカのサービス業界における規制緩和が進行したことによる新規参入業者の増加とサービス業界間の競争のボーダレス化があげられる。銀行や保険、リースなどのサービス業においては顧客との長期的な関係をベースに取引が行われる。そのため、顧客獲得にあたる口座の開設、契約の締結と同様に、その後の顧客とのやりとり、働きかけがサービス・マーケティングにおけるプロセスとして重要な課題となった。

　一方、わが国においては、マネジリアル・マーケティングのアプローチが行き詰った背景として、3つの時代背景があげられている[2]。その第1は、高度経済成長期からバブル経済以降の消費者行動の変化である。物財的に満たされた消費者は、自ら主体的にライフスタイルの形成を商品やサービスの消費を通

---

1) 「リレーションシップ」と「関係性」は、論者によって表現が異なるが、本章においては、同義としている。
2) 和田充夫・恩蔵直人・三浦俊彦『新版マーケティング戦略』有斐閣アルマ、2000年、324-326頁。

して行おうとした。すなわち、物財の購買ではなく、消費プロセスが生活者としてのライフスタイル形成の中心であり、商品がニーズにフィットするかどうかではなく、消費するプロセスのなかで企業あるいは社会とどのようにインタラクト（交互作用）するのかということが重要になってきた。

第2はメーカーと流通業者との関係の変化である。従来のメーカーの流通におけるパワーが大規模小売業に移りつつあり、メーカーと小売業者との垂直的な関係において流通パワーの奪い合い、そしてコンフリクトの発生という行動プロセスが継続的に起こるようになってきた。このような状況の中からメーカーと小売業者の双方から生活者厚生の向上のために互いに協調しようとする気運が生まれ、両者の間での関係性形成の議論と行動が芽生えてきた。

第3に、証券市場でも企業情報のディスクロージャーの問題が注目を集めるようになり、更にIR (Investor Relations) がPR (Public Relations) とは違ったかたちで重要視されるようになり、企業と一般投資家・機関投資家・証券アナリストなどとの関係が重要視されるようになった。また、一般大衆あるいは社会に対しても、企業がPR活動を積極的に行い、ソーシャル・マーケティングの考え方や活動を含め、企業のソーシャル・コミュニケーション活動が重要視されるようになった。

更に、ITの進展により、顧客情報管理が容易となり、マス・マーケティングからデータベース・マーケティングによるOne to Oneマーケティング（第3節で述べる）を可能にしたと考えられる。

第2節　リレーションシップ・マーケティングの特質

レビット[3]によると、リレーションシップ・マーケティングは、新規顧客の獲得維持以上に既存顧客との長期的関係の維持や顧客生涯価値の獲得が事業継続の基盤とし、ベリー (Berry) もまた、顧客を購買経験の有無によって新規顧

---

3) Levitt, T., "After the Sale is Over," *Harvard Business Review*, Vol.61, No.5, 1983.

客と既存顧客の2つに区分し、これまでのマーケティングにおいて強調されてきた新規顧客の獲得という側面は、マーケティング・プロセスの単なる第1ステップにすぎず、既存顧客の維持を目的とするマーケティングをリレーションシップ・マーケティングとしている。なお、ベリーの主な研究対象は、銀行を始めとする金融サービスのマーケティングであった[4]。

また、わが国において関係性マーケティングについて[5]、それはサービス財のマーケティングであり、生産財あるいは流通取引におけるマーケティングであり、最終的にインタラクティブ・コミュニケーション・モデルである、としている。

以上の先駆的なリレーションシップ・マーケティング論は、伝統的な消費財マーケティング論ではなく、生産財、流通取引、サービス業を主体としたマーケティングとして取り上げられてきた。

リレーションシップ・マーケティングの特質は、従来のマネジリアル・マーケティングとの比較において、表10-1のように示される。

リレーションシップ・マーケティングは、企業と外部との関係性に注目したものであり、そのフレームワークは、関係性の対象と関係性そのものの内容（イ

表10-1　マネジリアル・マーケティングとリレーションシップ・マーケティングの比較

	マネジリアル・マーケティング	リレーションシップ・マーケティング
基本概念	フィット（適合）	インタラクト（交互作用）
中心点	製品・顧客	マーケター（企業）と顧客（ステイクホルダー）
顧客観	潜在需要保有者	相互支援者
行動目的	需要創造・拡大	価値共生・共有
コミュニケーション	一方的説得	双方対話型
タイムフレーム	一時短期的	長期継続的
マーケティング手段	マーケティング・ミックス	インタラクティブ・コミュニケーション
成果形態	購買・市場シェア	信頼・融合・顧客シェア

出所：和田充夫『関係性マーケティングの構図』有斐閣、1998年、72頁を一部改変。

---

[4]　山口隆久「関係性マーケティングにおけるCRM論」村松潤一編著『顧客起点のマーケティングシステム』同文舘出版、2010年、51-52頁。
[5]　和田充夫『関係性マーケティングの構図』有斐閣、1998年。

ンタラクション）を規定するところから始まる。そして、長期継続化する関係を交換に先立ち作り上げることが中心課題となる。伝統的な顧客満足型マーケティングは交換対象に焦点を当てるのに対し、リレーションシップ・マーケティングは交換主体間の関係に焦点を当てる。

リレーションシップ・マーケティング論において、そのアプローチはさまざまな機軸を用いて捉えられるが、全体を貫く基盤的なアプローチとして考えられるのは経済的アプローチと社会的アプローチである。

経済的アプローチとは、関係的契約ならびに取引費用理論を基盤とし、売り手と買い手の関係における長期継続的な交換過程がもたらす経済的価値に着目したものであり、交換に伴う不確実性を低減することで買い手のコミットメントを高めようとするものである。この遂行には、相手の能力に対する確信と機会主義的な行動をとらないという確信（信頼）が大切になる。相手の意図に対する期待としての信頼を醸成することである。

一方、社会的アプローチとは、良好な人間関係がもたらす精神的充実感に着目し、交換当事者間の社会的紐帯感を訴求する。すなわち、買い手が売り手に対して抱く友愛感・愛着感・自己同一感を駆動力とし、買い手のコミットメントを高めようとするものである。このアプローチは、主に消費者サービス分野およびBtoBマーケティング[6]においてコミットメントが強化される。

例えば、会議やパーティといったホスピタリティ企業のサービス財（商品）を購入する顧客とは、次の5つのレベルの異なる関係を築くことができると考えられる[7]。

　①基本的な関係：企業は商品を販売するが、フォロー活動は一切行わない。
　②対応的な関係：企業は商品を販売し、質問やトラブルがあれば、いつでも問い合わせるように顧客にすすめる。

---

[6] 山崎方義「BtoB企業におけるリレーションシップ」岡山武史編著『第Ⅱ版リレーションシップマーケティング』五絃舎、2018年、117–130頁。

[7] Kotler, Philip, Bowen, Join.Johhn R, Makens, James C., *Marketing For Hospitality And Tourizm*, 3rd ed.（白井義男監修訳『コトラーのホスピタリティ＆ツーリズム・マーケティング第3版』ピアソン・エデュケーション、2003年、300頁。）

③説明責任的な関係：顧客の予約を受けた後、企業の担当者が顧客に連絡をとり、予約を確認し、質問に答える。商品提供時と提供後には商品を改善すべき点や不満な点はないか販売員が顧客に尋ねる。これらの情報によって企業は、常に商品を改善することができる。

④事前対応的な関係：販売員もしくは他の従業員が適宜、顧客に連絡し、改善した点を伝えたり、今後の商品購入について創造的な提案をする。

⑤協働的な関係：企業が、既存顧客やその他の顧客と常に協働し、より高い価値を提供する方法を模索する。

第3節　One to One マーケティング

ワン・トゥ・ワン・マーケティングは、1990年代半ばにペパーとロジャーズ[8]によって提唱された。多様化した消費者ニーズに対応していくには、すべての消費者を対象とするのではなく、顧客一人一人の属性、ニーズ、嗜好、購買履歴などを明らかにし、企業と「個客」との1対1の関係においてマーケティングを展開することであり、マス・マーケティングとの違いは表11-2のように示される。

ワン・トゥ・ワン・マーケティングの成功は、ある時点における一人の顧客に対する成功によって判断される。そこでは、マーケットシェアではなく、顧客シェアを得ることに力を注がなければならない。マーケットシェアの拡大とは、できるだけ多くの顧客に、できるだけ多くの商品を販売することを意味する。一方、顧客シェアの拡大とは、自社ブランドの商品を購入した一人一人の顧客が、その商品に満足し、いかなる時にも競合他社の商品ではなく、自社商品を確実に購入していくことを意味するのである。顧客シェアは、長期間にわたって自社の商品やサービスを購入してくれる顧客（固定客）の数によって決まる。その顧

---

8) Don Peppers & Martha Rogers, *The One to One Future*：Building Relationships One Customer at aTime（井関利明監訳『One to One マーケティング』ダイヤモンド社、1995年。

表10-2 マス・マーケティングとワン・トゥ・ワン・マーケティングの違い

マス・マーケティング	ワン・トゥ・ワン・マーケティング
平均的顧客	個別顧客
顧客の匿名性	顧客プロフィール
標準的製品	カスタマイズされた製品
大量生産	カスタマイズ生産
大量流通	個別販売
マス広告	個別メッセージ
マス・プロモーション	個別インセンティブ
一方向メッセージ	双方向メッセージ
規模の経済性	範囲の経済性
市場シェア	顧客シェア
全顧客	収益性の高い顧客
顧客誘引	顧客維持

出所：Kotler, Philip; Keller, Kevin Lane Marketing Management, 12th（恩蔵直人監修訳『コトラー＆ケラーのマーケティング・マネジメント（第12版）』ピアソン・エヂュケーション、2008年、193頁。）

客に限ってみれば、自社の商品やサービスのシェアが高くなるということである。

　それでは、どのようにして顧客シェアを高めるかである。ワン・トゥ・ワンの関係を結ぶには、顧客を「個客」として識別する必要がある。従来の市場主導型ビジネスでは、すべての顧客を同一に扱っていた。顧客は、全員が同じ段階で購入し、顧客と企業の間で個々の対話はなかった。しかし、顧客は一人一人違う存在なのだと認識すると、ある顧客には他の顧客より価値があるという事実を有効に活用できるようになる。

　ブライアン・P. ウルフ[9]は、ワン・トゥ・ワン・マーケティングの発想から次のように「個客識別マーケティング（customer specific marketing）」を提唱している。すべての顧客は平等ではない。顧客の多様性を認め、最大の利益を上げるために顧客を識別し、それに応じた販売条件を適用することで、この

---

9) Brian P. Wolf, *Customer Specific Marketing : The New Power in Retailing*（上原征彦監訳『個客識別マーケティング　小売業のONE to ONE 戦略実践法』ダイヤモンド社、1998年。）

事実を事業戦略に取り入れていかなければならない。顧客の差別化をためらってはいけない。すでに受け入れられ、歓迎されてもいるのだから、と述べている。

　そして、顧客の購買プロフィール（週平均購入額・粗利益率・来店回数）から累計粗利益額によって、「常連客」、「他店との掛け持ち客」、「特売品目当ての客」、「偶然通りかかった客」に分類している。このことから、異なるプロフィールの顧客に均一価格で均一対応するのは、経済的に理にかなっていないばかりか、競争力を弱めかねないということが一目瞭然となる。低価格とお得なサービスとを組み合わせて競争店は、最初に「常連客」に狙いを定め、このセグメントの顧客を奪いにかかるだろう。

　このように、来店頻度が高く、購入額も多い顧客を選定し、自店に対するロリヤルティの高さに応じて「ロイヤル・カスタマー」として特別扱いすることが、更に来店頻度や購入額を上げることにつながるのである。この場合、ロイヤル・カスタマーとワースト・カスタマーに二分するのではなく、ロイヤル・カスタマーを育てるには、顧客を購買プロフィールによって段階的に区分し、ランキング化し、それぞれのランクに対応した特典を与え、より上位にランキングされるようにすることである。

　ワン・トゥ・ワン・マーケティングは、顧客シェアを高めるために、対象とする顧客は自社の既存顧客であり、その顧客の自社の商品やサービスに対するロイヤルティをより高め、関係をできる限り長期的かつ良好にしていくことを目的としている。

第4節　顧客価値創造のマーケティング

　マーケティングは、商品やサービスを販売することによって顧客満足を提供し、対価としての利益を得るといわれている。この顧客満足とは販売（取引）時点における満足感だけであろうか。

　顧客満足度とは、買い手の期待に対して、商品やサービスの知覚パフォーマンス（結果）がどれほどであるかによって得られる個人の主観的な喜びまたは

失望の感情のことである。パフォーマンスが期待どおりであれば満足し，期待よりも大きければ満足度は高くなり，期待を下回れば不満となる。見込み客は，購買決定に際し，知覚価値として，商品価値のみならず，付随サービス，従業員，イメージ価値など，経済的，機能的，心理的ベネフィットを総合し，金銭的価値として知覚する。

　一方で，提供される商品やサービスを評価し，入手し，使用し，廃棄する過程における金銭的，時間的，心理的コストを見積もる。顧客の知覚価値は，顧客が手に入れようとするベネフィットから顧客コストを差し引いた価値であり，代替品を含め知覚価値が最大となる製品やサービスを購入する。

　このためマーケターは，自社の商品やサービスが顧客にどのように知覚されているかを知るために，競合他社と比較して顧客価値と顧客コストを査定しなければならない。そして，知覚価値を高めるには，商品やサービス，従業員，イメージなどのベネフィット，すなわち顧客価値を高めるか，あるいは，注文・納品プロセスの簡略化，保証を提供し，顧客のリスクを低減するなどで顧客コストを下げることが必要である。

　顧客期待の大きさは，商品やサービスの品質やコストパフォーマンスの評価の仕方に影響を与える。また，購買前の予測的期待は購買・消費経験を経るにつれ高くなる傾向がある。このため顧客期待は，商品やサービスを経験してから事後評価が行われる時点で顧客期待を下げ，過度に高いままにさせないことである。購買前からもっていた漠然とした期待感をより具体的な用途や機能に対する期待へと変容させることも顧客満足のマネジメントである。

　顧客生涯価値（Customer Life Time Value）とは，単に商品やサービスの売買だけではなく，顧客がそれを保有，享受している間，また買い替えながらその商品やサービスを繰り返し消費する期間全般にわたって感じる価値のことである。例えば，自動車の価値は，購入時点の新車としての価値だけでなく，保険に加入したり，保有する期間におけるメンテナンスや下取りに出す時，顧客と関わり，対価を得て付加価値を提供する。

　商品やサービスを一度顧客に販売してしまえば，それで終わりというのでは

ない。顧客は、商品購入時点で満足感を得るが、放置しておけばその満足度は時間の経過とともに低くなっていく。販売後の全使用期間にわたってタイミングよく顧客との接触機会を意図的に創り出し、サービスを提供することによって顧客満足度を高め、その連続により顧客が自社との関係を再認識し、購入時点と同じくらいの価値として評価、維持することができれば、自社において再度、商品を購入する可能性は高まる。

このような満足を保証される前提で反復購買を続けると、顧客はより上位の顧客へと上がっていき、上位客になればなるほど自社での購入額は多くなっていき、客数が同じでも売上は増えていくことになる。既存顧客を新規顧客と比較すると、自社に対する信頼度が高いため、広告費は低く、接客時間も短く、「個客」のニーズの把握ができることから在庫コストなど経費も削減でき、上位客ほど利益貢献度が高く販売効率は良い。こうした既存顧客との好意的関係を販売後も長期的に維持することは、クチコミによって新規顧客を増加させることにつながる。

第5節　リレーションシップ・マネジメントの評価

顧客関係構築能力の要素としては第1に、顧客維持を最優先し、顧客を満足させるための裁量を従業員にもたせるという組織全体の志向の確立である。第2は、リレーションシップについての情報であり、これは、関連する顧客データの質と企業全体でその情報を共有できるシステムも含む。第3は、組織、顧客関係構築に向けた社内の連携であり、これは、インセンティブ、測定基準、組織構造、責任説明などを通じて達成される。

CRM（カスタマー・リレーションシップ・マネジメント）技術に多額の投資をしても、それほど大きな競争優位性は得られず、多くの企業がCRMで失敗する理由の一つは、社内の体制やシステムを対応させないことによる。顧客価値、顧客満足、顧客ロイヤルティの構築のための顧客志向型企業の組織は、顧客を頂点とし、顧客と接する従業員が重要となる。そして、中間管理職、経営陣も

顧客を知り、接し、サービスを提供することに自ら関わらなければならない。
　リレーションシップ・マネジメントは、関係主体と既存顧客との長期継続的な満足と信頼による継続的購買によって、長期的な視点での顧客の利益貢献を評価する。なお、顧客とは、消費者のみならず、取引先企業も含み、リレーションシップは、マーケティング主体のステイクホルダーを含む。

第11章　リージョナル・マーケティング

第1節　リージョナル・マーケティングの考え方

　リージョナル・マーケティングを紐解くにあたり、まず、リージョナルの意味について考えたい。リージョナルとは、日本語で地域を意味する。では、地域とは何であろうか。それは、市町村単位や都道府県単位を表す自治体を指すこともあれば、北陸地方、東北地方など広域な地理的・文化的なつながりをもった場所を指す場合もある。このように、地域という意味合いは一様ではない。つまり、最近よく聞かれる「地域（経済）活性化」の「地域」も市町村や集落（コミュニティ）といったエリア（区域）から前述した北陸地方、東北地方といった広域の地方までをも含む広範囲を指す用語であることが理解できる。
　そこで本章におけるリージョナル（地域）について、非大都市圏にある自治体や隣接する自治体に限定して話を進めていくこととする。
　バブル経済が崩壊して、30年近くが経ち、地域のあり方もかなり変化してきている。特に、少子高齢化による人口減少の勢いは止まらず、2008年以降日本の、特に地方の人口は減り続けている。そのため、限界集落や消滅自治体という言葉が社会で注目されることとなった。また、コミュニティとしての地域の存立が危ぶまれているところも全国各地でみられている。
　そのようななか、移住や交流人口によって人口減少に歯止めをかけ、地域活性化を図る自治体も増えてきている。とはいえ、例えば、地方の多くの商店街では、「シャッター通り商店街」と揶揄され、人通りのまばらな商店街も多数存在しているのも事実である。

では、そもそも地域の活性化は、なぜ必要なのであろうか。それは、疲弊している地域経済を立て直すことで、日本の持続可能な成長を促す必要があるためではないであろうか。また、交流人口を増やすという観点からどの地域も観光客の増加によって地域経済の活性化を図っていく必要性も出てきたためである。更に、都市から地方への産業の誘致によるビジネス客の増加によって、地域経済の活性化を考えていくことも必要とされている。

その他、地域資源の有効活用という観点からも地域活性化が必要となってきている。地域資源の有効活用には、行政、企業、消費者の3つの立場から捉えることができる。まず、行政については、地域の観光資源を有効に活用したり、新たな開発に対しての「まちづくり」や地域資源の再発見や地域資源のリノベーションを含む再利用化の促進、すなわち「まちづかい」(今あるまちの資源をうまく使っていくこと)への取り組みに対する支援が考えられる。次に、企業については、地域資源を使った差別化商品の開発を積極的に行っている。また、インバウンドや観光客を増やす目的で民泊に参入する地域企業もある。最後に、消費者については、地産地消、ロハス、スローライフに代表されるようにエコロジーへの意識の高まりが環境に配慮した取り組みへの参加や支持として広がってきている。

そのような地域資源の有効活用の観点において必要な考え方として、地域活性化にマーケティングの考え方を取り入れた手法が「リージョナル・マーケティング」なのである。リージョナル・マーケティングは、それぞれの地域の特性にあったSTP (セグメンテーション・ターゲッティング・ポジショニング) を設定し、地域資源を活用したマーケティング活動を行うことを意味している[1]。

第2節　リージョナル・マーケティングにおける4P戦略

本節では、リージョナル・マーケティングを実施するにあたり、地域固有の

---

1) 伊部泰弘「地域マーケティングー地域活性化に地域ブランドが果たす役割ー」伊部泰弘・今光俊介・松井温文編著『現代のマーケティングと商業』五絃舎、2012年、125頁。

特性を把握するために実施される市場調査に基づき、マーケティング・マネジメントを行う際に実行されるマーケティング・ミックスに基づく4P戦略（製品、価格、チャネル、プロモーション）の視点から考えてみる。この企業が行うマーケティング・ミックスに基づく4P戦略は、広く認知された考え方であるため、リージョナル・マーケティングにおいても援用が可能であるとの考えに基づき議論を進めていく[2]。

1．製品戦略

　リージョナル・マーケティングにおいて製品とは何であろうか。それは、地域そのものであるとともに地域資源から生まれた産品ブランドやサービスなどが該当するものと考えられる。

　では、具体的な製品戦略とはどのようなものであろうか。それは、地域限定商品や地域限定サービスの開発・販売および地域ブランドの開発・販売が挙げられる。また、地域ブランドの開発・販売に際しては、地域ブランドの特質、デザイン、ブランド・ネーム、パッケージなどさまざまな要素の検討がなされる。特に地域ブランド開発は、地域活性化の1つの手法として注目されている。

　ブランドとは、AMAによると「ある売り手の商品やサービスを他の売り手のそれらと区別して見分けるためのネーム、言葉、デザイン、シンボル、あるいは、その他の特徴」[3]（筆者訳）と捉えている。また、地域ブランドとは、その定義を援用すると「地域資源を活かした商品やサービスを競合する他の地域のそれらと区別して見分けるためのネーム、言葉、デザイン、シンボル、あるいは、その他の特徴」と捉える事ができる。また、地域ブランドとは、「地域資源を利用した地域発のブランドを利用し、①買いたい（特産品）、②行きたい（観光）、③交流したい（産業・商業）④住みたい（暮らし）を実現しうる地域の有形・無形の資産を人々に有用な価値へと結びつけ、それにより地域活性

---

2) 同上、127-129頁。
3) Dictionary,https://www.ama.org/resources/Pages/Dictionary.aspx?dLetter=B
　（2018年10月9日アクセス）

化を図ることであり、競合する地域の差別化を意図した名称、言葉、シンボル、デザインあるいはそれらの組み合わせである。」[4]と捉えられる。 つまり、地域ブランドの構築は、地域が保有する有形・無形の資産（歴史、風土、技術、特産物など）に価値づけを行い、消費を刺激したり、観光客やビジネス客などの交流人口を増やすことで地域活性化に繋げることが可能となるといえる。

2. 価格戦略

　価格戦略では、通常、主に商品やサービスの販売価格が決定されることになる。そのため、リージョナル・マーケティングにおける価格戦略とは、地域限定商品や地域限定サービスおよび地域発の産品ブランドの販売価格の策定を意味する。特に、そのような商品やサービスは、場所的に限定されたところで供給されるため、当該地域でしか作れない、当該地域に行かなければその商品を買うことが出来ない、あるいはサービスを受けることが出来ないという特質を生かすことで、高付加価値や希少価値によってある程度高価格設定も可能となる。しかし、地域発の産品ブランドで安易に高価格戦略を採った場合、それに見合う品質が保証されていれば、うまくいかないこともあるため、価格と価値のバランスを十分考慮した戦略が必要となる。

3. チャネル戦略

　チャネル戦略においては、通常、製造業では、自社商品をどのような流通経路を通じて販売するのかといった流通経路の選択・決定および店頭での棚割りの確保が行われる。その際、製造業では、自社のチャネル・パワーを活かし、販売側で如何に「売れるスペース」を確保できるかが課題となる。一方、小売業では、自社の業態開発と立地選択が行われる。リージョナル・マーケティングにおいては、地域限定商品や地域限定サービスおよび地域発の産品ブランド等をどこでどのように販売するのかが焦点となる。具体的には、地域発の産品

---

[4] 伊部泰弘「地域ブランド戦略に関する一考察―地域団体商標制度を中心とした事例研究―」『新潟経営大学紀要』第16号、2010年、68頁。

ブランドの販売の場合、農産物の直売所や道の駅あるいは地域の特産物を集めたアンテナショップといった地域のコミュニティ・スペースを活用することが多くみられる。また、リージョナル・マーケティングは、地域を単位としたマーケティング活動であるため、地域に点在する産品ブランド等を効率的に集約し、販路を構築できるような物流体制（ロジスティックス）なども必要となろう。

4. プロモーション戦略

　プロモーション戦略では、通常、企業や商品・サービスなどの販売促進活動が行われる。しかし最近では、プロモーションは、そのような販売促進活動だけでなくマーケティング・コミュニケーション活動として捉えられている。つまり、企業から消費者への一方通行型の販売促進活動ではなく、企業と消費者との双方向型のコミュニケーション活動として展開されている。リージョナル・マーケティングでは、地域限定商品や地域限定サービスおよび地域発の産品ブランドなどのマーケティング・コミュニケーション活動が行われる。特に、リージョナル・マーケティングでは、限定された地域におけるプロモーション活動が中心となるため、コミュニティ発の地域密着型のコミュニケーション活動が有効とされる。具体的には、地方紙・地方テレビ局などのマス媒体の他、タウン誌、フリーペーパー、FacebookやTwitterに代表されるSNS（ソーシャル・ネットワーキング・サービス）なども強力なコミュニティを形成しており、リージョナル・マーケティングにおいて重要な役割を果たしている。また、リージョナル・マーケティングにおいてもメディア・ミックスやクロス・メディアを活用した地域ブランドのプロモーション活動が必要とされている。

第3節　リージョナル・マーケティングの実践
― 新潟県燕三条地域の事例 ―

1. 新潟県燕三条地域の特性

　新潟県燕三条地域は、新潟県のほぼ中央にある県央地域の一部を形成してい

る。県央地域とは、県庁所在地の新潟市と県内人口第2位の長岡市のちょうど中間に位置した地域であり、三条市、燕市、加茂市、田上町、弥彦村が該当する。このように燕三条地域は、「燕三条市」という自治体が存在しているのではなく、燕市と三条市を合わせた地域のことをいう。燕市と三条市を合わせた総面積は、約54km²であり、人口は、両市合わせて約18万人の規模（2018年10月末現在）である。両市の主要産業は、金属加工製品（刃物や金型、洋食器など）の製造と米（コシヒカリ、新之助など）や野菜（十全なす、新潟茶豆など）、果樹（桃、梨、ル・レクチェ（洋梨）など）といった農産物の生産である。また、燕三条地域は、「日本で一番社長が多い地域」とも呼ばれ、ものづくりを行う中小・零細企業が集積した地域である[5]。

　このように、主要産業が似通った都市であるにもかかわらず、燕市と三条市が合併して「燕三条市」とはなってはいない。それは、燕市と三条市それぞれの市民のものづくりや商売に対する誇りと敵対意識が強く関係している。その背景は、江戸時代にまでさかのぼることができる。江戸時代中期において、燕三条地域一帯は水害に悩まされ、田畑が水につかり、米や野菜が凶作の年もあった。そこで、農民の救済措置として和釘の製造が奨励され、それが燕三条地域の今日の主要産業である金物生産へとつながっていった。江戸時代末期には、三条は鍛冶屋が多数存在し、金物の中心的生産地となるとともに、それを売りさばく商人も出現し、その人たちは「三条商人」と呼ばれ、彼らのもとに燕や三条から和釘などの金物が集められた。その三条商人に燕の金物も時には安く買いたたかれることもあり、燕の和釘製造者たちは独自に販路を見出そうとした。ところが、その販路開拓は、三条商人によって潰されてしまったそうである。それが、燕と三条での敵対意識が生じた原因だったようである[6]。

　また、燕市と三条市は、県央地域という括りでは同じ地域内であるが、昔か

---

5) 伊部泰弘「地域企業のブランディング手法に関する一考察―燕三条の刃物メーカーの事例研究―」『龍谷大学経営学論集』第56巻 第1号、2016年、5頁。中川政七商店編『世界一の金属の町 燕三条の刃物と金物 暮らしの道具135選』平凡社、2016年、5頁。
6) 浅井健爾『日本全国因縁のライバル対決44』主婦の友社、2015年、161-164頁。

ら行政区分において大きな違いがみられている。それは、信濃川を挟んで、燕の中心地は西蒲原郡と呼ばれている地域に属していた。しかし、三条は、南蒲原郡という地域に属しており、行政区域において大きな違いがみられているのである。それは現在にも引き継がれており、行政区域において、燕市は新潟市などが属する下越地域に入る一方、三条は、長岡市などが属する中越地域に入るといった違いがある。

　このように、燕と三条には誇りと敵対意識や属する地域の違いなどがあるが、最近では、燕と三条それぞれが独立性を保ちながらPRする一方で、「燕三条」(略して、つばさんと呼ぶこともある) という独自の地域ブランドを創造し、ブランディングを展開している。また、例えば、ラーメンでは「燕三条系ラーメン」に代表される背油ラーメンや「三条カレーラーメン」を地域の特産として両市上げて売り出そうとしており、地域ブランディングに活用している[7]。

2．新潟県燕三条地域のリージョナル・マーケティング
　　　　　―4P戦略の視点から―

①燕三条地域の製品戦略

　燕三条の商品や生産物の特徴としては、工業や農業ともに世界に通ずる技術力の高さがある。燕は、「職人の街」と表現されることも多く、洋食器や刃物、ハウスウエアのような金属製品が数多く生産されており、その技術の高さは、世界が認めるところである。特に、洋食器の中でもカトラリー製品（食卓のナイフやフォーク、スプーンなど）は、ノーベル賞授賞式の晩さん会にも使用されている。更に、ステンレス製品の研磨技術にも高い技術力があり、「磨き屋シンジケート」と呼ばれる磨きのプロ集団も組織化され、iPod（Apple社製）などに磨きの技術が活かされている。一方、三条は、江戸時代から三条鍛冶として発展してきた刃物（越後三条打刃物）をはじめとする鍛冶製品や金型・プレ

---

[7] 伊部泰弘「『ものづくり』をブランディングする街―新潟県燕三条地域の取組み―」田中道雄・テイラー雅子・和田聡子編著『シティプロモーション―地域創生とまちづくり―』同文舘出版、2017年、56頁。

ス加工品から、ドライバー、ペンチなどの日用道具の工具類まで金属加工製品が生産されており、金属関連製品における一大産業集積地となっている。特に、金物の生産拠点であり、鍛冶職人たちがつくった刃物などを取り扱う卸売商（問屋）や小売商も発達し、鍛冶職人と金物商人（三条商人）との結びつきが強くなることで、「商人の街」としても発展してきた地域である。このように燕三条地域は、ものづくりに関わる企業が多数集積したものづくりの一大産業集積地であり、企業が集積することによって、金属加工技術のネットワークが形成され、ネットワーク内で仕事を完結させることができるような企業同士の関係性を築いている地域である[8]。

つまり、燕三条地域の製品戦略の特徴としては、ものづくりをブランディングする街自体の特質そのものが製品戦略であるといえよう。

②燕三条地域の価格戦略

燕三条地域の商品や生産物の価格戦略の特徴を一言でいえば、「価値ある商品に対する適正価格の追求」にある。燕三条地域には、工業・農業に関する商品・生産物があり、そのどれもが大きく汎用品と高級品に分けられている。汎用品では、100円ショップで販売されるような商品も数多く扱っている。その反面、1本20,000円程度する包丁や1個10,000円を超える爪切りなど高級品も数多く製造されている。また、食品にしても、1キロ500円程度のコシヒカリから1キロ1,000円近くするコシヒカリまで生産している。それぞれの商品や生産物には、それぞれの価値に見合う価格設定がなされているのが特徴的である。特に、高級品については、例えば、包丁や爪切りも1つ1つ手作りで作られており、手作りならではの価値が価格設定に反映されている。

つまり、それぞれの商品や生産物の価値に合った価格設定がなされており、それが適正価格の追求に繋がっているのである。

---

8) 中小企業金融公庫調査部・寺沢清二編著『挑戦する中小企業』中央経済社、1994年、106-119頁。伊部泰弘「中小企業マーケティングと地域ブランド」田中道雄・白石善章・南方建明・廣田章光編著『中小企業マーケティングの構図』同文舘出版、2016年、189-190頁。伊部泰弘「産業観光に向けて燕三条の取り組み」西田安慶・片上洋編著『地域産業の経営戦略―地域再生ビジョン―』税務経理協会、2016年、25-26頁。

③燕三条地域のチャネル戦略

燕三条地域のチャネル戦略は、販路開拓が非常に特徴的である。その販路開拓の支援を行っているのが「公益財団法人燕三条地場産業振興センター」である。当センターでは、燕三条地域の総合窓口として約700社の企業情報を登録し、問い合わせの内容に応じて加工先や開発パートナーを紹介する「ビジネスマッチング」を行っている。また、敷地内に地場産センター物産館を設けて、燕三条地域の特産品を一堂に集めて、展示・販売を行っており、燕三条ブランドの認知度向上のための拠点としての役割も果たしている。更に海外に向けては、ドイツ・フランクフルトで開催される世界最大級の消費財見本市「アンビエンテ」への共同出展などの取りまとめを行っており、燕三条ブランドの海外進出のための支援も行っている。また、当センターは、ネット通販直売所の「燕三条金物本舗」も運営しており、燕三条地域の産品の販路を自ら提供している[9]。

このように、燕三条地域では、燕三条ブランドの販路開拓を支援・仲介するとともに販路自体をも提供する団体の存在がチャネル戦略において重要な役割を果たしているのである。

④燕三条地域のプロモーション戦略

燕三条地域のプロモーション戦略は、特に燕市・三条市それぞれがプロモーション活動を行う場合と「燕三条」地域で共同してプロモーション活動を行う場合がある。特に、後者については全国的にみても珍しいプロモーション活動の手法が取られている。具体的には、燕三条地域において共同で行うイベントとして、毎年10月に行われている「燕三条 工場の祭典」がある。2018年で6回目となり、2018年は、10月4日（木）から7日（日）にかけて大小109の事業所が参加して行われた。燕三条地域（一部加茂市含む）の製造業、農業等に携わる事業所が一斉に工場や農場を開放し、工場、耕場による催しだけで

---

[9] 公益財団法人燕三条地場産業振興センター・地域内企業への支援 ,http://www.tsjiba.or.jp/support/matching/,http://www.tsjiba.or.jp/support/tradefairs/（2018年10月31日アクセス）、燕三条金物本舗 ,https://netshop.tsjiba.or.jp/（2018年10月31日アクセス）

なく、商品や生産物の購入の場でもある購場(こうば)としてもさまざまな産品の販売を行った。イベント当日は、オープンファクトリーだけでなく、ワークショップ、オフィシャル・ツアー、作業着のファッションショーである「作業着ランウェイ」などが行われた。

　この地域イベントは、イベント自体が地域のプロモーションに大きく貢献しているが、更にそのイベントの告知において両市の広報誌が活用されている。特に両市の2018年9月1日号の広報誌（広報つばめ、広報さんじょう）においては、表紙および巻頭特集は、「燕三条 工場の祭典」であり、同時期の広報誌に同じ内容が掲載されており、まさに地域プロモーションに相応しいツールの使用法である。また、企業のプロモーション活動がコミュニケーション活動へと移行しているのと同様にリージョナル・マーケティングにおいてもその傾向はみられている。「燕三条 工場の祭典」においても、公式ホームページだけでなく、公式FacebookやTwitterなどが使用されており、主催者側と参加者とのコミュニケーション活動が展開されている[10]。

第4節　リージョナル・マーケティングの今後の課題

　リージョナル・マーケティングは、地域経済の活性化を実践する上で非常に重要な役割を果たしている。なかでも地域限定商品や地域発の産品ブランドの開発は欠かせない。その土地の資源を活用し、その地域でしかできない産品ブランドは、高付加価値や希少価値による商品開発が可能であるため、地域そのもののブランド化に大いに役立つ。

　また、各地域は、地域発の産品ブランドを活用して地域経済の活性化に繋げていくべきである。そのためには、地域発の産品ブランドや地域そのもののブランドを広く浸透させるイベントなどによって地域の良さを体験できる「経験

---

10) 伊部泰弘「『ものづくり』をブランディングする街―新潟県燕三条地域の取組み―」、前掲書、58-60頁。燕三条工場の祭典実行委員会編『燕三条工場の祭典』ブックレット 2018年、6-7頁。

価値マーケティング」を実践していく「場」の提供が必要なのである。燕三条の事例である「燕三条 工場の祭典」は、まさに「経験価値マーケティング」の実践における成功事例であろう。つまり、リージョナル・マーケティングは、そのような体験や経験といったコトづくりを実践していくなかで、「場」としての地域を如何に魅力あるものに演出していけるかが課題となろう。

第12章　サービス・マーケティング

第1節　マーケティングとサービス・マーケティング

　世界的にみてもサービス産業の拡大は目覚ましく、有形の商品である物財だけでなく、サービス財にも関心が強くもたれるようになった。サービス財の概念を広く捉え、商品の販売を実現するための接客サービスも財であるとするならば[1]、物財とサービス財は切り離せない関係にあるとも理解される。その点を過度に強調すれば、物財に関わる従来からのマーケティテングとサービス財に関わるサービス・マーケティングとは区別されることなく、統合されてもいいのではないかとの主張になりかねない。確かに、物財とサービス財が密接な関係にあることを筆者も十分に承知するものではあるが、マーケティングとサービス・マーケティングは全く異なる領域である。

　マーケティングは多様なタイプが今日存在し、各論者の認識も大きく異なっている。筆者は我が国のマーケティング研究において、マーケティングを体系的に捉え、そこにみられる諸活動がマクロ的現象として、利益を獲得するための原理を分析する古典的マーケティングに依拠する。基本的分析対象は寡占的製造企業である。それに対して、サービス・マーケティングはマーケティングが分析対象としていた特定の物財の販売に関わる活動、高級ホテル、高級レストラン、高級アパレルブランドにみられる接客従業員の活動が対象となる。マー

---

1)　サービスの概念について以下の文献を参照。松井温文「物財・サービス財・サービスの本質的概念規定に関する基礎的研究−サービス・マーケティング研究の本来的対象の明確化に向けて−（研究ノート）」『星陵台論集』第36巻　第2号、2003年。

ケティングとサービス・マーケティングの対象は全く異なるだけでなく、それぞれが限定されたものである。

詳細は割愛するが、マーケティングとサービス・マーケティングの分析対象は限定されたものであるが、それを応用させることによって多様な経済主体に活用されることを前提とした理論である。

第2節　サービス・マーケティングの登場

　従来のマーケティングは商品の大量生産、大量販売を前提とする諸活動である。それに対して、サービス財（以下はサービスと表記する）は接客従業員による活動そのものであり、大量生産が出来ない。しかし、全産業に占めるサービス産業の割合が大きくなるサービス経済化現象が起こった。また、サービス提供企業は大規模化した。それに伴いサービスの生産管理問題が顕在化した。マーケティングの登場は歴史的必然性があるものの、サービス・マーケティングにはそのようなものはなく、生産管理問題を中心として、この体系は構築されている。

　サービス・マーケティングの代表的事例はマクドナルド社の接客従業員に対する管理活動である。同社は接客活動の重要性をいち早く認識し、その管理システムの構築に注力した。商品の生産管理システムを積極的に適用し、詳細なマニュアルの作成により、接客従業員自らが意思決定する必要を極限まで削減した。これにより賃金の安い接客従業員であっても、均質なサービスが提供出来るようにした。標準化された愛想の良さが同社の消費者への訴求力である。店舗毎にサービスの内容や品質が異なれば、同社のサービスを明確に示せず、消費者の獲得・維持が困難になる。標準化や均質化は規模の拡大の必須要件でもあった[2]。

　マニュアルの作成によって、サービスの均質化を図る取り組みは今日でも至

---

2) W. E. Sasser & S. P. Arbeit, "Selling Jobs in the Service Sector," *Business Horizons*, June 1976.

所でみられ、一定の品質管理までは普遍的に有用である。マニュアル化の根底には大量生産システムの基礎となるテイラーの科学的管理法の存在がある。これは標準的な作業時間を設定し、目標に到達すれば高賃金を与えるシステムであり、それによって、従業員のモチベーションを高める[3]。

　しかし、そのような発想では対応しきれないサービスの領域がある。例えば、高級ホテル、高級レストラン、高級アパレル商品、高級化粧品等にみられる接客サービスである。そのような場面において、消費者は商品や施設や空間の雰囲気等と同様に、接客サービスを重要な要素として認識する。ここでのサービスが均質化・標準化されたものならば、消費者には即座に不満が生起する。高価格高品質な商品やサービスを購入する消費者は自分に合った特別な対応を求めるからである。接客従業員は消費者のさまざまな状況に合わせて柔軟に対応しなくてはならない。

　このようなサービスを提供する企業も規模の拡大を図るために、サービスの品質を一定に保つ必要が生じた。しかし、これは先述したサービスの均質化・標準化とは根本的に異なる。例えば、ある消費者には懇切丁寧な、また、別の消費者にはシンプルな接客対応がなされたとしても、それぞれの消費者は異なる内容のサービスを受け取ったにもかかわらず、品質が一定であると感じることをそれは意味する。もう1つの例として、ある消費者に同一商品を再販売する際に、そのときの様子に合わせて以前とは異なる接客対応がなされることもある。それでも、品質が一定であると消費者は評価する。高度なサービス提供能力が求められる。このようなサービスの管理問題が顕在化し、それが狭義の、本来的なサービス・マーケティングの対象となる[4]。

---

3) 大量生産システムの原理について以下の文献を参照。松井温文「企業の生産・研究開発戦略」髙木直人編著『経営学入門』五絃舎、2014年。
4) 松井温文「サービス・マーケティング研究の登場−歴史的規定を受けた必然性から−」『流通』第19号、2006年。

第3節　満足と歓喜

　サービス・マーケティングにおいて、消費者が満足することの大切さは常に強調されている。満足度はサービスを受ける以前の期待に対して、実際に受け取ったサービスとの効用の差で表される。期待通りであれば納得できる満足となる。期待以上であればそれだけ満足度は高くなる。満足の概念に対する理論の妥当性を筆者は認めるものの、サービスの生産が消費者行動論とマーケティング論の視点では大きく異なった意味をなす。多くのサービス・マーケティングやサービス・マネジメントでは満足の概念を明記しただけに止まるか、もしくは、満足度を高めることが大切であることを過度に強調する傾向がみられる。それらは満足の概念を消費者行動論の視点から捉えたことに起因する。言い換えれば、もしサービス提供主体がその論理に従って忠実に行動したならば、財務体質は悪化する。

　満足の概念そのものは正しいとして、サービス・マーケティングにおいて、満足をどのように捉えるべきかを検討しておこう。結論から先に言えば、満足度を高める必要はない。繰り返せば、期待通りの効用を提供することが大切であり、その効用を高める必要はない。消費者行動論はあくまでも消費者の行動を分析した理論に過ぎない。消費者は同じ金額であるならば、効用が大きい方を好むのは当然である。しかし、それは必然的に相応の費用をサービス提供者側が負担しなければならない。消費者行動論の理論を前提として、どのようにアプローチをすべきかを検討するのがマーケティングにとって重要である。提供主体にとって、利益が最大化するような消費者にとっての満足が理論的に適切なものとなる。例えば、10の効用を標榜するサービスに関して、消費者の期待が10に対して受けた効用が11の場合、次回購買時の期待は11に設定される可能性がある。11から10を差し引いた1の効用創出のための活動は費用となる。2度目の来店の際、消費者の最初の期待通りに10の効用が提供されたとする。ところが前回に形成された期待は11の効用となっているため効

用が1だけ低くなり、不満足につながる可能性がある。それゆえ、期待通りの効用を提供し続ければよい。

　競争関係が激化すると販売促進活動を行ったり、価格を下げたりする傾向が我が国には頻繁にみられる。サービスは経験財であるため、我々は経験して初めてその内容を知ることになる。購買経験のない消費者は、価格が安ければ品質も相応に低いと予測する。サービスの世界における競争力の源泉はサービスの品質そのものである。家庭教師サービスを事例にすれば、A社が5,000円、B社が3,000円の場合、A社の品質が優れていると推察される。また、A社において、5,000円と4,000円の選択肢があれば、5,000円の方が品質は高いと推察される。繰り返すが、サービスの場合は価格が品質の大きな判断基準になる。但し、品質が高いサービスは価格も高くなり、対象となる消費者が少なくなるため、マスメディアを媒介する広告宣伝活動は相対的に費用が高くなり実施が困難となる。人的要素が大きい家庭教師サービスは品質の高いサービスを提供できる優秀な講師の確保が簡単ではないことや、サービスの大量生産が困難であることもその要因のひとつである。次に、A社とB社の価格が同じであり品質が拮抗する場合、サービスの差別化は簡単ではない。販売促進活動を多く取り入れて消費者を取り込むことは可能であるが、投入費用分が利益を縮小させる。それだけでなく、A社が販売促進活動を行わず、B社がそれを行えば、A社の方のサービスの品質が高いだろうと消費者に予測される。B社は販売が困難であろうと判断し、販売促進活動を行っているのだろうと消費者に推察されるからである。

　このような生産が難しい高品質高価格なサービスにおいて、期待通りの効用を提供する以外の、それも費用を過分に投入することなく販売を実現する活動が求められる。期待を遙かに超える、または、期待が困難なサービスの提供が鍵を握る。それは歓喜である。予測が困難なサービス提供による歓喜・感動は全体の満足度を強く押し上げる。歓喜は満足の概念とは異なる、快−不快の概念にみられる尺度に移行する。歓喜による情動的インパクトは非常に大きく、他の多くの要素に対して不満であっても、特定の要素1つだけをもって全体と

しては満足を得る程の効果がある。高品質高価格なサービスは消費者の状況に柔軟に合わせた対応や、サービス自体にさまざまな工夫を盛り込むことが可能である。それは歓喜を生起させる機会を多く創り出すものであり、販売促進活動のような費用を伴わない効率的な活動となる。言い換えれば、サービスそのものが販売促進機能を同時に担っていると認識される[5]。

歓喜は期待が困難な要素でなくてはならず、同じ経験を繰り返せば期待値が設定されるようになり、最終的には歓喜が生じず、期待通りのサービスに対する満足が得られることになる。そのようにならない工夫が求められる。例えば、接客従業員が消費者との接客場面において得た情報を記憶し、後日その情報を基にサービスを提供するような場合である。昨年の同じ時期の来店目的が誕生日プレゼントの購入であったことを記憶していて、さりげなくそのことを会話の中に盛り込むことによって、消費者は店員の接客能力に歓喜することがある。もう1つ、高級アパレルブランド店に2度目の来店の際、他の来店者の面前で、「○○さま」と名前で呼ばれ、「いつもご来店ありがとうございます」と付け加えられたならば、歓喜することが予測される。そのために費やされる時間と費用は取るに足りない。使うべきは相手に対するおもいやりの精神であり、自然とそれは行為として表れるはずである[6]。

第4節 インターナル・マーケティング

インターナル・マーケティングがアプローチする対象は接客従業員である。サービス・マーケティングはサービスの生産と販売に係る諸活動であるため、また、サービスは生産と消費が不可分であるため、生産を担う接客従業員の活動に対象が絞られる。企業を代理する接客従業員の管理問題として、インターナル・マーケティングは位置付けられる。

5) 松井温文「サービスの生産管理」松井温文編著『サービス・マーケティングの理論と実践』五絃舎、2014年、44頁。
6) 松井温文「サービスの品質と満足」松井温文編著『サービス・マネジメントの理論と実践』五絃舎、2016年。

サービス・マーケティングにおける３つの構成要素の中で、インターナル・マーケティングは最重要であり、これを中心として体系化がなされる。その理由として、従来のマーケティングは商品の企画・開発から消費者への販売に至る一連の過程を有機的に結合するものではあるが、それらの活動の実質的な担い手である従業員は分析対象から捨象される。従業員の活動は策定されたマーケティングを適切に遂行するという暗黙の前提があるためである。それに対して、サービス・マーケティングでは、接客従業員の活動そのものに関心があり、人事労務管理論や人的資源管理論等の研究蓄積を活用しながら発展している。

人事労務管理論や人的資源管理論とインターナル・マーケティングとの違いについて、前者は従業員の管理問題に係わるさまざまな要素やそれらの関係等を研究する。例えば、年功序列賃金制度、終身雇用制度、成果報酬制度、リーダーシップ、職場の人間関係、動機づけ等がある。

それに対して、後者は前者で分析された結果を基礎として、接客従業員の管理システムの方向性を示すための研究である。前者において、優れた有用性を発揮するとされた制度や要素を単に組み合わせても、成果に結びつかない。目的に適合するシステムとして構築されなくてはならない。具体的な目的は企業が提供するサービスである。販売する財を中心に構築する方法はまさにマーケティング的であり、組織内部の従業員に向けての活動はインターナル・マーケティングという用語が最適となる。このアプローチにおいて、接客従業員は消費者と同様に多様性ある個人として認識される。マーケティングは統制が困難な消費者に対して、統制可能な要素の組み合わせをもって、精神的な部分への働きかけることによって、統制しようとする[7]。接客従業員にも同様なアプローチがなされる。

基本的構造として、実践されるインターナル・マーケティングの出発点は企業がどのようなサービスを提供するのかということである。それに規定されてシス

---

[7] J. A. Howard, *Marketing Management: Analysis and Decision*, Richard D. Irwin, Inc., 1957.(田島義博訳『マーケティング・マネジメント−分析と決定−』建帛社、1960年)、4頁。

テムや要素が組織化される。例えば、最高水準のサービスを提供するのであれば、接客活動の自由度を高くし、消費者のさまざまな状況や要望に柔軟に対応出来るようにしなくてはならない。マニュアル化は当然困難になる。特に、採用面接が重要となり、一定の経験を前提とした中途採用が基本となることもある。

　次に、サービスを提供するための職場環境の設計を考える。その内容は接客従業員の多様性を考慮した全体のバランスを整えたものとなる。各従業員の多様性の具体的内容は調査や日々の業務の様子等によって明確化・特定化される。マーケティングでいう市場調査である。例えば、ある接客従業員は力強い販売能力はあるが、あるタイプの消費者への対応は苦手であるというような情報である。調査は接客従業員を管理するという意味ではなく、彼らの能力を遺憾なく発揮するための自己点検・同僚による点検・顧客による点検・販売額による点検・面談による点検等による情報の収集活動である。接客従業員は一般消費者と同様に多様性ある個人と認識されるとはいっても、企業の構成員である以上、企業目標の達成という制約を受ける。制約内での接客従業員間の調整活動は管理者の重要な役割となる。目標に合わせて個人と全体とのバランスを調整するだけでなく、個人には将来のチャレンジ的な役割を担わせなくてはならない。個人の潜在的能力を発見し、それを伸ばす機会を提供することは企業の成長にもつながるからである。しかしそれは同時に、接客従業員の負担になる可能性もある。労働の強化となってはならない。管理者は良識ある人間として、説得的活動によって調整しなくてはならない。管理活動は広範囲であり、且つ、接客従業員との人間関係の深さも必要となり、管理者の負担は大きい。管理者は従業員と同様に多様性と能力的限界がある。そうではあるが、日々の誠実な態度・判断・行動によって、職場環境の水準を高く維持するならば、接客従業員は管理者の存在に関係なく、彼らの観念の中に、自らを律する管理規範が形成され、それが適切に機能することによって、管理者の実質的負担を軽減する。インターナル・マーケティングは組織全員が一丸となるためのシステムでもある[8]。

---

8) 松井温文「インターナル・マーケティングの概念構築に向けて」『星陵台論集』第34巻 第2号、2001年。

直上は基本的骨格に過ぎないが、一連の諸活動が有機的に結合されることによって、従業員は卓越したサービスを提供出来る。ここにはサービス・プロフィット・チェーンと呼ばれる循環がある。利益、成長、顧客ロイヤルティ、消費者満足、サービス、従業員の能力、従業員満足、従業員ロイヤルティ、労働生産性という各要素が相互関連しながら循環する。利益の確保と成長は顧客ロイヤルティが原動力となる。企業や商品やサービスに対する忠誠心が顧客ロイヤルティである。市場占有率が多くの製造企業の目的であるのに対して、常連客・得意客である顧客を獲得し維持する方がサービス企業にとっては効果的である。サービスは生産と消費の不可分性のため、一般的な商品とは異なり、購入後初めてその品質を確認出来る。再購買する際には過去の経験を判断基準にすればよいが、初めての購入ではさまざまな情報をもとに期待してサービスを購入する。新規の消費者はこの期待に実際を近づけるよう、顧客ロイヤルティの高い顧客から情報を得ようとする。優良な顧客は売上に貢献するだけでなく、優良な情報を発信する無償の広告代理人となる。

顧客ロイヤルティを高めるための出発点はインターナル・マーケティングが担っている。動機づけられた接客従業員は最高のサービスを提供する。消費者は単なる満足ではなく、心のこもった活動によって、歓喜する。歓喜は期待を遙かに上回る効用を得たときに生じるものであり、全体的満足度を強く押し上げる。顧客はリピート率が高まり、関連商品を積極的に購買する。顧客は自分自身の欲求を満たそうとするだけでなく、接客従業員へ自らが満足した様子を表現する。最高の笑顔を伴った「ありがとう」という感謝の言葉を発するだけでなく、特定の接客従業員の売上への貢献自体に喜びすら感じることもある。これはミラー効果と呼ばれるものであり、接客従業員は顧客からの無償のサービスを受け取ることによって、ますます動機づけられる。このような良循環がサービス提供企業に求められ、サービス・マーケティングがそれを具現化する[9]。

---

9) J. L. Heskett, T. O. Jones, G. W. Loveman W. E. Sasser, Jr., and L. A. Schlesinger, "Putting the Service-Profit Chain to Work," *Harvard Business Review*, March-April 1994.(小野穣司訳「サービス・プロフィット・チェーンの実践法」

このような基本的なインターナル・マーケティングを拡大・拡張するものとして、リレーションシップ・マーケティングが位置付けられる。接客従業員以外の従業員であっても、他の従業員に対して職務上のサービスを提供する。サービスの本質は相手を思いやる心、サービス精神である。インターナル・マーケティングは接客従業員を内部顧客と捉える限定的な姿勢から、全従業員は互いに職務上のサービスを提供するという事実をもって、全従業員を内部顧客とする姿勢に発展・成熟し、職場環境を強く改善する[10]。

第5節　インタラクティブ・マーケティング

　サービスの生産は機械設備ではなく、人の活動そのものによる。人による生産は機械設備とは明確な相違がある。サービスは人の活動が直接消費の対象になるが、人は能力的な個人差があり、同じ人であっても日々身体的精神的な変動があり、生産活動が機械のように一定ではない。すなわち、同じサービスを生産することが根本的に困難であるという問題を抱える。

　サービスの生産効率の向上を考えてみよう。商品の生産効率の向上は単位時間あたりの生産個数の増加で示される。それに対して、サービスは有形ではないため数量的な把握が困難である。例えば、商品の場合、一定時間に従来は1つの生産であったものを2つに増やせば、生産性は2倍になる。それに対して、サービスの場合、一定時間に1人の消費者に従来する接客対応を2人の対応へ倍増したとする。これは生産性が2倍になったと認められない。サービスの品質が低下したと理解される。そこで、サービスの生産効率を高めることは困難であったとしても、生産量を増やすことは一応可能である。生産活動時間の延長である。商品の場合は比較的簡単であるが、サービスの場合、就業時間の延長には限界があり、それによる品質の低下も懸念される。

　　『DHB』June–July 1994 年）。
10) E. Gummesson, *Total Relationship Marketing, Second Edition,* Butterworth-Heinemann, 2002.(若林靖永他訳『リレーションシップ・マーケティング』中央経済社、2007 年）、232–234 頁。

サービスの品質維持は人そのものに起因する問題が山積する。簡単に表現すれば、人間はロボットではないということである。従業員個人の資質・能力に大きくざらつきが存在する。更に、人間であるため、同じサービスを生産すると言っても日々の体調や精神的な面での変化による影響をどうしても受けてしまう。

　それだけではない。サービス・マーケティングにおいて、品質を決定するのはサービスの生産者ではなく、消費者であるという考えがある。そうであるならば、消費者の評価基準は多様であり、品質の維持において根本的な問題を生じさせる。もし、全く同じサービスを提供したとしても、それぞれの消費者によってその品質に対する評価は変動する。商品における品質は検品作業にみられるように客観的な基準を設定出来る。それに対して、サービスの品質についての普遍的な基準は存在しないことになる。例えば、ホテルのフロント担当者が客に非常に丁寧な会話をしたとしよう。ある客はその対応を非常に喜ばしく感じるかもしれない。しかし、ある客は当日非常に疲れていて客室に早く入りゆっくりしたいと思っている。そのような客の様子を的確に把握することなく、形式的には非常に丁寧な対応をすれば逆に、サービスの品質評価は非常に低くなる。「お疲れのようですので、ご案内だけをさせて頂きます。何かありましたら直ぐにお伺いしますので、ゆっくりとお過ごし下さい」というような会話以外は一切することなく対応することが評価を高める。客の状況を無視すれば、表面的には丁寧な接客対応ではないものの、結果として、高い品質のサービスを作り出すこともある。サービスの品質は消費者のさまざまな様子を瞬時に判断、対応できる個人の能力に大きく規定される。

　サービス品質は消費者が決定するという話の前提条件がある。それを忘れて、また知らずに、これを実践することは生産性を無駄に低下させる。狭義のサービス・マーケティングで描かれるサービスは高品質である。また、消費者はサービスの品質を理解する能力が十分にあり、そのようなサービスを購入するだけの所得もある。そうであるから、消費者側に評価基準が委ねられる。このことを忘れてはならない。消費者という用語ではなく、顧客という表現が適切であ

る。ある会社や店舗にとって、顧客は消費者とは異なり、継続的な取引関係のある消費者を意味する。そのような関係のあり方の体系が狭義のサービス・マーケティングである。

　接客従業員が顧客と接する場面での活動がインタラクティブ・マーケティングと呼ばれる理由を理解しよう。モノの生産は従業員が顧客に直接向き合うことなく、工場でなされる。それに対して、サービスは接客従業員が顧客に直接行う活動であり、生産と同時に消費がなされる一連の過程である。その際の顧客は単なるサービスの受け手ではなく、共同生産者と認識される。例えば、美容室では、顧客は自分の希望を伝える。医療サービスでは、自分の傷病の様子やそれに至った経緯を説明する。高級レストランでは店の雰囲気を損なわないようマナーを守る。このような参加はサービスの品質を高める重要な顧客による活動である。高品質高価格なサービスほど、顧客は積極的に生産に係わる。顧客に生産活動を自発的、積極的に行わせ、顧客とのインタラクションによって、サービスを生産するという意味でその用語が用いられる。

　顧客の多様な性格やその時の状況に合わせ、柔軟な活動を接客従業員が行う。マニュアルや接客教育にはなかった対応が頻繁に要求される。接客従業員はサービスの生産部門であると同時に、商品開発部門でもあると言えよう。サービスを構成する要素は人的サービスだけではない。施設、設備等の物的な要素であるフロント・ステージだけでなく、サービスを提供するための裏方の活動であるバック・ステージもある。それらの有機的な結合がサービスの品質を確保する。接客従業員は顧客に対して、マーケティングの実質的な意思決定者である。顧客に強引な販売をすることなく、顧客に積極的な生産への関与をさりげなく促す工夫が求められる[11]。

　顧客は生産の共同参加者となり、その場面はサービス・エンカウンター、又は、接客従業員と顧客にとって最も大切であることから決定的瞬間とも呼ばれる[12]。

11) 松井温文「サービス・マーケティング」伊部泰弘・今光俊介『事例で学ぶマーケティング』五絃舎、2012年、56–57頁。
12) 決定的瞬間の内容について以下の文献を参照。J. Carlzon, *Moments of Truth*, Cambridge, MA: Ballinger, 1987.

この場面の適切な管理が重要であり、リレーションシップ・マーケティングはその遂行に向けて、管理者の思考のあり方を提示する。例えば、接客従業員と顧客だけでなく、顧客同士のインタラクションもある。ダンス・クラブでは、サービス提供者自らはダンスするのではなく、顧客に楽しんでもらうための環境や設備等を提供する。又、ダンスを牽引するDJの役割は重要である[13]。

　不満を抱く顧客への対応は非常に重要である。従来の考えであれば、不満を抱く顧客は再購買しないだけでなく、不満を他人に告げるため、潜在的な顧客獲得を阻害する。サービスは購買の経験により初めてその具体的内容と品質を確認出来ることから、品質に関するマイナスな話題は撲滅しなくてはならない。しかし、このような思考は本来の人間関係の様相を深く理解し実践することによって変えられる。人は多様であり、相手のことを全て理解出来ない。互いに相手を思いやる気持ちとそれに裏付けられた行動は人間関係形成の基盤となる。不満のない人間関係における関係の深さは実質的には浅い。密接な関係は互いの満足だけでなく、不満も受け止める結果として形成される。そのような人間関係を自然に受け入れたインタラクションを実践するならば、不満は満足と基本的に何ら変わらない。不満を解消する際の誠実な態度が顧客を満足させる。サービスはモノである商品とは異なり、人間同士のインタラクションであるため、接客従業員の行動の背後にある精神面が顧客の心をつかむからである[14]。

第6節　エクスターナル・マーケティング

　サービス提供企業のターゲットとする消費者はマーケティングと比較して非常に少ない。それ故、マス・メディアの積極的な活用は費用に対する効果が十分に期待出来ない。購買経験の豊富な顧客からの口コミや評判が有効な手段となる。顧客はサービスの購入者であると同時に、無料の広告宣伝媒体とも認識され、消費者から顧客への育成が重要な活動となる。そのためにはインタラク

---

13) 若林靖永他訳、前掲書、90-91頁。
14) 同上、11-114頁。

ティブ・マーケティングによって素晴らしいサービスが提供されることが鍵となる。対価を得られるサービスの提供活動が販売促進機能も担うことにより、追加的な費用の投入を伴うことなく、エクスターナル・マーケティングが遂行されることになる。これこそがサービス・マーケティングの本来的な姿である。

　ターゲットとなる長期的な関係を構築する可能性のある消費者に絞り込むため、高級なホテルはファサードや館内の装飾やレイアウトを豪華にし、ドアマンの制服には高価な素材を使用し、ホームページ等でも歴史性とステータス性を強調する。初回の購買を促進するため、広く活用されている割引券の配布や動画の配信という方法は高級な商品やサービスの場合、ブランド力を低下させるため行われない。

※本章は下記の拙稿を組み合わせ、大幅に加筆修正した。
　松井温文「サービス・マーケティングの体系」松井温文編著『サービス・マネジメントの理論と実践』五絃舎、2016年。
　松井温文「サービス・マーケティングの位置付けと特徴」松井温文編著『サービス・マネジメントの理論と実践』五絃舎、2016年。
　松井温文「サービスの生産管理」松井温文編著『サービス・マーケティングの理論と実践』五絃舎、2014年。

執筆者紹介（執筆順。なお＊は編者）

伊部泰弘（いべ やすひろ）：第1章・第5章・第11章執筆
　新潟経営大学経営情報学部 教授

松井温文 ＊（まつい あつふみ）：第2章・第3章・第7章・第12章執筆
　岡山商科大学経営学部 教授

河田賢一（かわだ けんいち）：第4章執筆
　常葉大学経営学部 准教授

今光俊介（いまみつ しゅんすけ）：第5章・第7章執筆
　鈴鹿大学国際人間科学部 教授

野木村忠度（のぎむら ただのり）：第6章執筆
　千葉商科大学商経学部 准教授

安孝淑（あん ひょうすく）：第8章執筆
　池坊短期大学環境文化学科 非常勤講師

水野清文（みずの きよふみ）：第9章執筆
　九州共立大学経済学部 准教授

日野隆生（ひの たかお）：第10章執筆
　東京富士大学経営学部 教授

編者紹介

松井温文（まつい あつふみ）
　1964 年大阪府生まれ
　現在　岡山商科大学経営学部 教授

マーケティングの理論・新展開

2019 年 3 月 30 日　第 1 版第 1 刷発行

編著者：松井温文
発行者：長谷 雅春
発行所：株式会社五絃舎
　　　　〒173-0025　東京都板橋区熊野町 46-7-402
　　　　Tel & Fax：03-3957-5587
　　　　e-mail：h2-c-msa@db3.so-net.ne.jp
組　版：Office Five Strings
印　刷：モリモト印刷
ISBN978-4-86434-098-4
Printed in Japan　©検印省略 2019